Le Petit Sage

François Gervais

LE PETIT SAGE

Paroles pour s'épanouir

MÉDIASPAUL

Les Éditions Médiaspaul remercient le ministère du Patrimoine canadien, le Conseil des Arts du Canada et la Société de développement des entreprises culturelles du Québec (SODEC) pour le soutien qui leur est accordé dans le cadre des Programmes d'aide à l'édition.

Données de catalogage avant publication (Canada)

Gervais, François, 1963-

    Le Petit Sage: Paroles pour s'épanouir
    (Collection Vivre plus; 15)

    ISBN 2-89420-510-4

    1. Méditations. 2. Sagesse — Méditations. 3. Espérance — Méditation.
4. Réalisation de soi — Méditations. I. Titre. II. Collection.

BL624.G47 2002   158.1'28   C2002-941359-1

Composition et mise en page: *Médiaspaul*

Illustration de la couverture: *Visage abstrait* d' Alexei von Jawlenski. © Superstock 866-3230.

Maquette de la couverture: *Summum Grafix Studio*

ISBN 2-89420-510-4

Dépôt légal — 4ᵉ trimestre 2002
Bibliothèque nationale du Québec
Bibliothèque nationale du Canada

© 2002   Médiaspaul
        3965, boul. Henri-Bourassa Est
        Montréal, QC, H1H 1L1 (Canada)
        www.mediaspaul.qc.ca
        mediaspaul@mediaspaul.qc.ca

        Médiaspaul
        48, rue du Four
        75006 Paris (France)

Imprimé au Canada — Printed in Canada

Dédicace

Je dédie affectueusement ce livre à mes deux enfants à la maison: à Andréanne, auprès de qui mon imagination a dû conserver toute sa jeunesse pour répondre à son désir: «Papa, raconte-moi une histoire dans ta tête», ainsi qu'à Étienne, né avec la publication de ce livre. En observant le ventre de sa mère se transformer, la magie de la vie m'a émerveillé. En lui, je salue un avenir toujours meilleur et la promesse d'un nouveau bonheur. En accueillant ce petit garçon, je réalise comment l'espérance continue de grandir en moi.

Je dédie également ce livre à tous les autres enfants adoptés tout au long de ma carrière et des événements de mon implication sociale.

Remerciements

J'exprime ma plus profonde reconnaissance à Lyne Marquis. Son affection a été une source d'inspiration constante. Je dois la réalisation de mon livre à sa confiance et à son intérêt pour mon écriture.

Je veux aussi souligner la générosité de Martine Miquet-Sage, qui a révisé le texte avec son œil exercé d'enseignante.

Je remercie tous mes amis et les personnes qui m'ont encouragé à poursuivre mon œuvre par leur précieux témoignage.

Avertissement

Quelques réflexions du Petit Sage ont déjà été publiées dans *Grandir dans l'espérance* et *Oser la solidarité*. Elles sont reprises ici à la demande des lecteurs.

Introduction

De nombreux lecteurs et lectrices de mes livres *Oser la solidarité* et *Grandir dans l'espérance* ont manifesté le désir de connaître davantage mon ami le Petit Sage. Quoi de mieux que de consacrer un livre entier à ses belles paroles pour nous aider dans notre quête de sens et dans la réalisation de nos plus grands rêves?

Je dois beaucoup à mon ami le Petit Sage. Combien de fois ses profondes réflexions m'ont-elles redonné espoir? Lorsque, dans l'adversité, je commençais à douter de moi, il avait toujours les mots justes pour m'aider à regarder mes forces avant de m'incliner devant l'obstacle. Pendant mes deuils, ses paroles réconfortantes ont illuminé d'une lumière nouvelle ma volonté de grandir malgré la souffrance. Quand j'étais égaré par le rythme trépidant de mon quotidien, les pensées de mon ami me rappelaient aux exigences essentielles.

Aujourd'hui, j'aime encore consulter les paroles fortes du Petit Sage parce qu'elles me soutiennent toujours dans mon cheminement. Je crois qu'elles apporteront un éclairage salutaire à toutes les personnes qui désirent trouver un sens aux grands événements de leur vie. Tantôt les réflexions de mon ami réconforteront la victime d'une épreuve difficile, tantôt elles motiveront celles et ceux qui seront tentés d'abandonner face aux premières déceptions. Le marcheur égaré, l'être aveuglé par des tourments intérieurs et la personne qui désire orienter sa vie d'une manière plus satisfaisante trouveront dans les mots touchants de mon ami le Petit Sage une lumière à la fois radieuse et apaisante.

Partagés entre le travail, les responsabilités personnelles et les nombreuses tâches de la vie quotidienne, il est facile de perdre le sens de ce que nous faisons. La maîtrise de notre vie nous échappe alors de plus en plus. Nous investissons ainsi beaucoup trop d'énergie à des occupations qui nous vident et nous fatiguent d'autant plus qu'elles nous distraient de ce qui a du sens pour nous. Pourtant, prendre de petites pauses pour réfléchir à nos valeurs et à nos priorités pourrait nous aider à cheminer plus librement dans le respect de notre intégrité. Ce livre se veut une source d'inspiration pour ces nécessaires moments de recueillement.

La spiritualité du Petit Sage touchera profondément plusieurs d'entre nous. Elle ne se réfère pas à un au-delà détaché des réalités de la vie terrestre. Au contraire, dans une simple démarche méditative, nous sommes invités à nous dépouiller de nos préoccupations de tous les jours, dans lesquelles nous gaspillons tant d'énergie, pour nous concentrer sur l'essentiel. En cette époque où l'on est obsédé par la productivité et la rentabilité, dans une société inspirée par des valeurs davantage économiques que spirituelles, il n'est que trop facile de tomber dans la superficialité.

Nous savons probablement tous que les relations humaines et les moments vécus avec nos proches sont plus importants que la course effrénée à la consommation, au renflouage du compte de banque, aux rénovations de la maison et à tout ce qu'il nous incombe pour maintenir sauves les apparences d'un bonheur factice. Nous le savons intérieurement, pourtant nous continuons à tourner le dos à l'invisible profondeur de la vie, happés que nous sommes par un tourbillon de fausses obligations.

Les réflexions du Petit Sage orienteront notre regard vers une spiritualité enracinée dans la réalité. Cette spiritualité relève d'un comportement global et cohérent. Elle prend son sens dans le respect de l'intégrité de notre propre personne ainsi que de celle des autres, et dans la vision d'une société en marche vers son épanouissement. La première mission de la spiritualité n'est donc pas de détourner notre attention vers le ciel, mais de nous faire voir les splendeurs du monde qui nous entoure.

Ce recueil de méditations n'a pas été conçu pour une lecture rapide délivrant un contenu assimilable d'un seul trait. Il se propose comme un petit coffret de santé conçu pour l'âme et que nous pouvons ouvrir au gré de nos besoins. À chaque utilisation, nous y découvrirons des capsules condensées de sagesse. Accordons-nous le temps d'imprégner notre esprit des bienfaits de ces vitamines d'espérance. Résistons à la tentation de les consommer trop rapidement, afin de ne pas diminuer leur effet libérateur et leur rayonnement. Finalement, donnons-nous le privilège de consulter souvent les profondes paroles du Petit Sage, car, aux rythmes des événements et de notre cheminement personnel, les mots qui nous touchent peu aujourd'hui deviendront peut-être demain des phares qui nous guideront lors d'une future tempête.

Je souhaite que cette belle sélection de pensées, de réflexions, de paroles et de témoignages de vie du Petit Sage puisse éveiller de nouvelles forces chez ceux et celles qui les liront, les partageront et les méditeront.

Première partie

La métamorphose de la chenille
me rappelle l'un des plus grands enseignements de la vie:
les ailes de ma liberté grandissent dans le renoncement
à mes vieilles habitudes.

Chapitre 1

POUR L'ESTIME DE SOI

Nous pouvons couper une rose
et l'emprisonner dans un pot,
mais jamais lui dérober sa beauté.

Pour mieux s'accomplir

Dans mon travail et ma vie quotidienne, j'ai rencontré de nombreuses personnes perdues à la recherche d'elles-mêmes, en quête de réponses aux multiples questions qui les hantaient. Je les voyais tourner en rond sans trouver la bonne adresse.

Combien de détours sont nécessaires avant de reconnaître notre chemin? Ce chemin où nous pouvons enfin nous sentir chez nous parce que nous sommes bien dans notre peau. Oui, il y a des questions douloureuses; et les plus déchirantes sont celles du cœur qui se demande: «Qui suis-je vraiment? — Qu'est-ce que je vaux? — Y a-t-il une place pour moi dans la société? — Qui va me comprendre sans me juger? — Suis-je utile à quelque chose?»

Il y a des moments où nous ne savons plus rien, où nous ne parvenons plus à nous voir tels que nous sommes vraiment. Nous cherchons notre identité, trop souvent perdue à monnayer notre personnalité véritable contre une illusoire rançon de prestige et de considération.

Combien de toxicomanes, d'alcooliques et de gens dépressifs s'éloignent de l'essentiel en fuyant leur mal de vivre? Toutes ces personnes aveuglées par leur souffrance renoncent à guérir aussi longtemps qu'elles refusent de se regarder honnêtement. Elles réussiront, pour un très court moment, à soulager leur mal, mais au prix de la honte et du découragement. Si ces blessés ne parviennent pas à reconnaître leur beauté, leur richesse et ce qu'ils ont d'unique, ils ne guériront jamais.

Je demande souvent à ceux qui me consultent de me nommer en deux minutes leurs cinq plus grandes qualités. Plusieurs ne parviennent pas à la cinquième avant la fin du temps requis. Comment ces personnes peuvent-elles réclamer des autres l'estime qu'elles refusent de se donner elles-mêmes?

Cette assurance que les timides jugent comme de la vantardise, les personnes convaincues de leurs forces la considèrent plutôt comme une simple manifestation de la confiance qu'elles ont de pouvoir arriver à leur but. Les gens qui se rabaissent témoignent d'une fausse humilité. En réalité, ils quémandent des autres un regard positif alors qu'ils ne sont même pas disposés à l'accueillir. Parce qu'ils ont peur de se voir, ils n'utilisent qu'une infime partie de leurs ressources personnelles.

L'estime de soi suscite une force unique, car elle galvanise le meilleur de nos talents. De plus, elle filtre les influences néfastes pour ne conserver que les éléments constructifs. Une personne qui doute d'elle-même consacre parfois beaucoup de temps et d'efforts à la recherche d'une réplique lui permettant d'affronter les attaques de ses ennemis. Par contre, si elle connaissait bien sa valeur, elle pourrait se saisir de ce qui lui appartient afin de s'améliorer et rejeter le reste, sans gaspiller ses énergies à ruminer des rancunes. Car ses adversaires ne méritent probablement pas cette attention qu'elle pourrait plus avantageusement consacrer à son propre bonheur.

Le premier véritable ennemi à vaincre est donc celui qui se cache en nous. Hélas, nous éprouvons beaucoup de difficultés à démasquer sa tyrannie. Il se déguise et il parvient à nous jouer de vilains tours en nous inspirant des peurs erronées. Parmi les pires tromperies de notre ennemi intérieur, nous retrouvons la conviction que nous sommes impuissants à guérir les blessures de notre passé. Héritons-nous vraiment à vie de tous les effets négatifs de ce que nous avons subi hier?

Ces dernières années, un courant de pensée populaire nous propose de rejeter sur nos parents la responsabilité de presque toute la souffrance que nous éprouvons à l'âge adulte. Malheureusement, les personnes qui adhèrent à cette croyance cèdent, à tort, tout leur pouvoir de guérison à leurs parents du passé. Les voix malveillantes qui les rabaissent continuellement sont dans leur tête, et elles seules peuvent aujourd'hui les faire taire, peu importe les préjudices subis auparavant. Pendant notre enfance, nous avons peut-être entendu plusieurs fois des remarques blessantes du genre: «Tu ne feras jamais rien de bon.» Or, ce ne sont plus nos parents à présent qui nous accablent de reproches, mais notre juge intérieur.

Je ne compte plus les fois où j'ai prescrit le traitement suivant à celles et ceux qui me consultaient au sujet de leur mal de vivre: «Change ta cassette intérieure.» La solution est simple, mais la décision d'expulser ces mauvaises voix entendues depuis des années exige du courage. Il n'est jamais facile de se libérer d'un conditionnement. La récompense en vaut cependant la peine. Car cette cassette mille fois répétée sabote tout: nos relations, nos rêves, nos carrières, nos talents. Pour ne plus l'entendre, nous abusons des drogues, de l'alcool et de la nourriture. Nous souffrons d'obsessions. Nous voulons contrôler notre douleur, mais nous cédons paradoxalement à de coûteuses dépendances. Résultat: nous restons carencés comme s'il y avait en nous un réservoir sans fond.

Nos disfonctionnements expriment la difficulté que nous éprouvons à nous aimer avec intelligence en acceptant et en surmontant nos limites. Nous ne changerons ni notre passé, ni nos parents, ni nos éducateurs. En revanche, nous pouvons modifier une chose beaucoup plus importante: notre perception de nous-mêmes. Et une perception juste de ce que nous sommes, comme l'exprime le Petit Sage, est à la base de notre accomplissement.

Afin de poursuivre ma réflexion sur l'importance de construire une estime de soi solide, dépourvue autant de fausse modestie que de vanité, j'ai consulté *Le livre de la vie* de mon ami le Petit Sage. Et voici ma découverte...

La fenêtre de la vie

Si tu regardes la vie comme une compétition,
chacune de tes défaites t'apportera une douloureuse déception.
Si tu regardes la vie en écoutant ce que les autres disent de toi,
tu n'entendras plus les secrets de tes talents.
Si tu regardes la vie comme la couleur de tes cheveux
et celle de ta peau,
tu seras triste quand le ciel sera gris.
Si tu regardes la vie comme une popularité à conquérir,

tu sentiras l'ennui et le vide quand tu te trouveras
face à toi-même.

Ne regarde pas la vie comme un compte de banque à garnir,
une promotion à gagner, une maison à payer,
une auto à réparer ou des vêtements à acheter.
Ne perds pas ta vie à la consommer;
elle n'a pas de prix quand tu sais la goûter.
Conserve toujours une belle image de toi-même,
car c'est la fenêtre à travers laquelle tu vois vraiment la vie.
Elle te paraîtra toujours merveilleuse
si elle est teintée par ta confiance en tes forces,
par des relations significatives tissées
de la qualité de ta présence
et de l'amour donné et reçu.

On atteint l'âge de la maturité
le jour où on ne veut plus
s'empêcher d'être soi-même.

Comme je n'ai aucun contrôle
sur l'opinion d'autrui à mon égard,
autant prendre le risque d'être apprécié
pour ce que je vaux réellement.

La peur de l'échec est plus redoutable
que l'échec lui-même.

Nous ne sommes vraiment perdants
qu'à partir du moment où l'échec nous convainc
de ne pouvoir faire mieux.

❦

Notre tranquillité d'esprit
ne mérite pas d'être compromise
pour satisfaire une colère,
fût-elle justifiée.

❦

Nous devrions prendre bonne mesure de nos limites,
non pour nous y complaire,
mais afin d'apprécier
l'envergure d'un éventuel dépassement.

❦

La promesse de la paix
mérite qu'on
n'en fasse pas qu'un rêve.

❦

Qui apprend à rire de ses bêtises
se dote à bon compte
d'un appréciable capital d'amusement.

❦

Les jugements des autres
cessent de nous blesser
dès que nous renonçons
à leur accorder du pouvoir.

✽

Nous n'avons auprès d'autrui
de plus fidèle détracteur
que notre propre dénigrement.

✽

Le travail vraiment rémunérateur
rehausse d'abord notre qualité d'être.

✽

Le vrai libérateur ouvre des sentiers,
trace des chemins, ou pose des ponts,
mais porte rarement autrui sur son dos.

✽

Le temps utilement consacré à soi-même
améliore la qualité de celui que nous donnons aux autres.

✽

À jouer les bons sentiments,
on risque de décevoir la première personne
que l'on voudrait impressionner:
soi-même.

✽

Douter de soi, c'est refermer ses ailes
au moment de l'envol.

✽

La personne qui se relève est plus forte d'expérience
que celle qui n'est jamais tombée.

❧

L'abandon est une sournoise tentation,
car il nous empêche de sonder nos forces.

❧

Le repos ralentit le rythme, mais la maladie l'arrête.

❧

Aucune difficulté ne rivalise
avec la satisfaction d'avoir réalisé
ce dont on se croyait incapable.

❧

Le rôle de toute une vie:
être tous les jours soi-même.

❧

La personne qui arrive
la première est généralement
non pas celle qui court le plus vite,
mais celle qui sait où elle va.

❧

Lorsque tombent les masques,
enfin, les vrais amis se reconnaissent.

Le temps investi
à corriger une erreur
devient plus fécond
que celui utilisé à la regretter.

Il n'y a pas de plus éloquent témoignage
d'estime de soi
que de consentir à rire de sa personne.

Dieu ne t'inspire aucun rêve
sans te donner le pouvoir
de le réaliser.

La véritable défaite
ne survient que lorsque nous renonçons
avant d'avoir livré bataille.

Le renoncement n'est souvent
pas tant l'aveu d'un réalisme
que celui d'un manque de foi.

Nous avons plus de chance d'évoluer
en corrigeant nos erreurs
qu'en essayant de les justifier.

❧

𝒩ier une faute commise,
c'est avouer son incapacité à la corriger.

❧

𝒫lus nous attribuons d'importance
aux torts que l'on nous a infligés
et moins nous en accordons
à la nécessité de nous en libérer.

❧

ℒa métamorphose de la chenille
est forte d'enseignement:
les ailes de la liberté ne grandissent
qu'en renonçant au passé.

❧

ℒa chance nous donne un fruit,
mais la détermination
nous fait planter des arbres.

❧

𝒩ous confondons trop souvent
nos certitudes avec la réalité;
c'est pourquoi nous sommes si réticents
à nous changer nous-mêmes.

❧

C'est en nous regardant
dans les yeux de l'être aimé
que nous découvrons notre véritable image.

❧

Un modeste arbuste
produira plus d'ombre
que tous les grands chênes
que je n'ai jamais plantés.

❧

Je suis d'autant plus libre
que je suis détaché du jugement d'autrui.

❧

Les jugements des autres
n'affectent jamais la personne
libérée des ses propres jugements.

❧

Le pauvre n'est pas celui qui a peu,
mais celui qui croit n'avoir rien à donner.

❧

La patience qui détourne
est finalement un chemin plus bref
que l'impulsion qui enlise.

*Le plus bel arc-en-ciel se produit
lorsque les rayons lumineux du pardon
traversent les larmes d'un regret.*

Chapitre 2

POUR PARDONNER

Une blessure morale brûle
lorsqu'on l'enduit de rancune,
elle guérit quand on l'expose
à la lumière du pardon.

Un précieux cadeau

Après «amour», le mot «pardon» est probablement celui qui a été le plus utilisé à toutes les sauces. On véhicule tellement de fausses idées à son sujet. Les gens qui perçoivent le pardon comme un défi impossible, à moins de posséder des qualités presque divines, concentrent toute leur attention sur l'auteur du tort causé. Or, la victime n'offre pas d'abord ce précieux cadeau du pardon à son agresseur, mais à elle-même. Pour guérir, elle a besoin de ses effets bienfaiteurs, même s'il ne lui est pas possible de l'offrir à l'autre immédiatement.

Le pardon est un processus parfois long qui se réalise selon le rythme de chacun et suivant des étapes: décider de s'orienter vers le pardon, reconnaître l'offense subie et sa blessure, être à l'écoute de leur impact sur soi, puis partager avec une personne de confiance son vécu pour commencer à s'en libérer. Dans un deuxième temps, on apprend à voir la situation avec d'autres perspectives, puis à exprimer d'une façon constructive les émotions de colère et de tristesse liées au travail du deuil. Finalement, on parvient peu à peu à acquérir une meilleure compréhension de son offenseur et à découvrir un sens à la blessure ressentie.

Concevoir le pardon comme un geste spontané et magique relève de croyances appartenant davantage aux mythes qu'aux réalités psychologiques et spirituelles. Une telle conception risque de rendre le pardon inaccessible. Des personnes profondément blessées peuvent attendre longtemps cette spontanéité qui ne viendra peut-être jamais. Pour survivre, elles préfèrent plutôt refouler leur souffrance en rêvant que le temps l'atténuera progressivement. Mais l'avenir leur réserve de graves déceptions.

À la lumière de la psychologie et de la spiritualité, le pardon ne devient réellement possible que par un travail sur soi. Autrement, il sonne faux et il risque de se transformer en piège. Il en résulte d'importantes confusions où l'on mêle la peur de se défendre avec le courage de refuser de demeurer une victime.

Quand nous entreprenons une démarche de pardon, nous voulons d'abord cesser de souffrir. Nous concentrons notre énergie à guérir plutôt que de la gaspiller à entretenir des ressentiments qui empoisonnent inutilement notre présent. Cette orientation n'a rien à voir avec une acceptation passive des préjudices subis. Nos efforts ne visent nullement à approuver des gestes destructeurs, mais au contraire à éviter que notre juge intérieur ne se substitue à l'offenseur en nous condamnant à rester une victime. Il ne faut jamais oublier ce bourreau mystérieux qui s'exprime dans nos pensées négatives et qui maintient dans notre esprit un fort sentiment de culpabilité. Il devient alors aussi destructeur que les blessures infligées par notre véritable agresseur.

Pardonner nous libère de notre situation de victime. Plus nous avançons dans ce processus, plus nous gagnons du pouvoir et améliorons notre discernement. Cela nous permet de dépasser le réflexe visant à nous culpabiliser et à justifier à nos yeux notre malheur: «Pourquoi je ne me suis pas méfié? J'aurais dû voir venir le coup! Pourquoi me suis-je encore fait prendre? J'ai fait montre de trop de naïveté! Comment ai-je pu être aussi aveugle?» L'indescriptible effet libérateur que nous vivons lorsque nous abrégeons le procès de notre juge intérieur nous propulse vers une guérison complète.

À quoi sert de se mortifier et de se punir en ruminant une culpabilité stérile? L'important, c'est de prendre conscience des leçons à tirer de ses erreurs et de continuer d'avancer.

Nourrir, par nos pensées de vengeance, la rancune ou entretenir des sentiments de culpabilité nous maintient inévitablement dans un état de victime. Or, lorsque nous avons été gravement blessé par une autre personne, le pardon nous apparaît impossible en raison même de la douleur. Pourtant, nous venons de voir qu'il est nécessaire à notre guérison. Comment dès lors réaliser avec succès cette mission essentielle mais en apparence inaccessible?

Partageant l'avis de plusieurs grands maîtres spirituels, mon ami le Petit Sage pense que le mûrissement du pardon dépasse les forces humaines. Pardonner exige un tel dépassement dans notre capacité d'aimer qu'il faut nous référer à un pouvoir qui transcende la psychologie pour parvenir à son accomplissement. Tous les efforts d'une personne préparent son esprit à pardonner, tout comme une bonne terre sert de nid aux semences. S'inspirant en partie de l'étymologie du mot «pardon», qui signifie «don parfait», le Petit Sage pense que le mot dévoile son véritable sens quand on le divise en deux: «par» et «don». Il est possible par un don. Il ne vient pas de nous-mêmes, mais de Dieu. Cela ne signifie pas que nos efforts sont inutiles, bien au contraire. Sans notre travail, Dieu sèmerait son cadeau sur de la pierre.

Parce que nous avons reçu le pardon, nous devenons capables de le transmettre à notre tour pour continuer de grandir. Cette générosité ouvre des chemins neufs vers l'avant. Nous n'atteindrons pas pour autant la perfection, mais nous éprouverons l'agréable sensation d'être plus complets et fidèles à notre destinée.

Même si nous reconnaissons la nécessité d'entreprendre une démarche de pardon, ce travail exige beaucoup d'efforts. *Le livre de la vie* du Petit Sage m'a beaucoup inspiré lorsque je doutais de mes capacités de pardonner. Il a été un précieux compagnon pour m'aider à puiser dans mes ressources spirituelles et à croire aux bienfaits de la clémence. J'ai découvert auprès de lui des paroles éclairantes dont j'ai retenu particulièrement les suivantes.

Qu'est-ce que pardonner?

Pardonner, c'est accepter notre impuissance à effacer le mal,
mais reconnaître aussi notre pouvoir de grandir
en prenant soin de notre guérison.
Pardonner, c'est rester indigné face
à la cause de notre souffrance,
mais sans jamais nous résigner
à perpétuer notre blessure par nos souvenirs.

Pardonner, c'est vivre des doutes et des hésitations,
mais c'est croire aussi en l'aptitude d'une personne
à se transformer quand notre regard
dépasse l'apparence de ses actions.
Et pardonner, c'est aussi nous réconcilier
avec la partie de nous-mêmes
que nous avons rejetée parce que nous ne savions pas
l'apprivoiser.
N'oublions pas qu'il est toujours plus difficile de pardonner
quand la douleur nous atteint là
où se cachait une vieille blessure d'enfance.
Pardonner, c'est donc ouvrir une porte à l'espérance.

Pourrais-je me pardonner?

Pourrais-je me pardonner
d'être si vulnérable dans mon besoin d'aimer?
Combien de fausses rencontres vont me désarmer?

Pourrais-je me pardonner
de trop rêver à une relation enveloppée de tendresse?
Combien de souffrances briseront encore mes promesses?

Pourrais-je me pardonner
de chercher si ardemment une présence?
Combien d'abandons m'imposera mon imprudence?

Pourrais-je pardonner
à mon cœur ridé par les blessures,
à ma fragilité habillée d'une armure,
à mon esprit étourdi par la passion
et à mon enfant intérieur qui réclame tant d'attention?
Je voudrais me réconcilier avec l'amour
en me pardonnant ce fardeau trop lourd
de vivre, intensément chaque matin,
les plus riches sentiments humains.

*A*ucun baume n'apaise
la douleur du regret.

❦

*N*ous ne regrettons jamais d'avoir aimé,
même si nous déplorons parfois
comment nous l'avons fait.

❦

*L*a vengeance ne lave
ni blessure ni honneur;
elle les souille.

❦

*L*e pardon est ce chemin
insensé, mais souvent unique,
vers la guérison.

❦

*L*e ressentiment irrite peu qui le suscite,
mais corrode en revanche qui l'entretient.

❦

S'il nous était donné de comprendre
la blessure se trouvant à l'origine
d'un comportement hostile,
nous chercherions moins souvent
à punir qu'à guérir.

Les regrets n'ont aucun effet sur le passé,
mais rendent le présent insupportable.

❧

Loin de nous libérer,
la rancune nous rend
esclaves de nos ennemis.

❧

Le pardon gratifie celui qui l'accueille
et élève celui qui l'accorde.

❧

Prends bien garde
en poursuivant tes ennemis
de ne pas délaisser tes amis.

❧

Les rayons lumineux du pardon
nous offrent la beauté de l'arc-en-ciel
quand ils traversent les larmes de nos regrets.

❧

Les regrets creusent le cœur
aussi sûrement que les rides un visage.

❧

Il est difficile d'écouter qui l'on refuse d'aimer.

La main avide
ne sait plus que broyer
ce qu'elle tentait pourtant de saisir.

Aimer,
c'est découvrir qu'on a besoin des autres
pour devenir soi-même.

Chapitre 3

POUR ENRICHIR NOS RELATIONS

Jamais je ne t'oublierai.
Même la mort ne pourra t'éloigner de mon présent,
car ton passage dans ma vie
me permet aujourd'hui d'être meilleur.

Oser se donner pour mieux recevoir

Nous croisons des centaines de personnes pendant un mois et nous prétendons en connaître des dizaines, mais nous en rencontrons très peu et nous ne nous limitons trop souvent qu'à l'apparence extérieure des gens. Dommage, puisqu'un nombre incalculable de surprises agréables nous échappent dans notre peur d'entrer vraiment en relation avec autrui. Pourquoi nous priver du bonheur de partager avec une autre personne ce que nous avons de meilleur?

Qui ne se souvient pas dans sa vie d'un moment très intense vécu avec quelqu'un de significatif où les barrières tombaient peu à peu pour laisser passer un courant de confiance? Je me rappelle avoir veillé, près d'un feu, pendant toute une nuit, à partager avec une amie des pensées secrètes, des rêves de liberté et des émotions dénuées de gêne. Ces moments enrichissent l'âme jusque dans ses plus profondes racines. Nous vivons alors une véritable rencontre, sans masque, sans retranchements et sans peur. Et pourtant, en se dépouillant ainsi devant l'autre, nous devenons vulnérables. Comment expliquer ce paradoxe?

Il est terrifiant de penser que quelqu'un d'autre peut avoir accès à nos émotions les plus profondes. Mais si nous refusons de nous laisser aller et de faire confiance, nous ne parviendrons pas à vivre l'agréable sensation d'une vraie rencontre. Nos relations demeureront superficielles et peu enrichissantes.

Quand nous craignons l'intimité avec les autres, même avec notre partenaire amoureux, quel danger fuyons-nous? Celui de perdre le contrôle et d'être envahi par une force qui dépasse ce que nous connaissons? Peut-être évitons-nous ainsi d'entrer en contact avec nos ombres rejetées depuis si longtemps. Mais pour découvrir quelque chose de plus beau et de plus épanouissant, oserons-nous dépasser ces frontières illusoires qui ont fabriqué notre propre personne?

La richesse de nos relations dépend de notre investissement. Nous risquons de perdre de belles occasions en nous privant de vraies rencontres. Je me souviens d'une parabole de mon ami le Petit Sage, confiée lors d'une agréable promenade. «Arrête-toi et observe la danse des arbres au-dessus de nous... Écoute la musique de leurs feuilles soufflées par la magie du vent... Regarde attentivement le magnifique décor de ce sentier... Remplis tes poumons du doux parfum des essences de la nature si généreuse... Est-ce que tu réalises maintenant tout ce que tu aurais manqué en évitant de t'arrêter pour entrer vraiment en relation avec ton environnement? Aimer, c'est savoir s'arrêter pour accueillir la richesse de l'autre et lui offrir en retour le don de notre présence. Hélas, de trop nombreuses relations restent superficielles. Nous prétendons vivre un lien significatif avec l'autre et pourtant nous refusons de pénétrer, avec tous nos sens, dans le sentier de son âme, et de l'inviter à découvrir le nôtre.»

Après cette mémorable randonnée, je suis rentré chez moi avec un état d'esprit imprégné par les paroles du Petit Sage. Quand j'ai ouvert la porte, ma petite fille de 5 ans s'est précipitée dans mes bras pour m'accueillir. Je me suis arrêté pendant 15 minutes pour m'asseoir auprès d'elle et la regarder au plus profond de son cœur. J'ai concentré vers elle toute mon attention. J'ai écouté, comme un poème, chacun de ses mots. Mes mains se sont imprégnées de la douceur de ses cheveux et de sa peau. Puis, j'ai découvert à quel point ma fille était unique au monde. J'avais oublié ce qui enrichit vraiment une relation, j'avais oublié le bonheur de me donner pleinement à l'autre, où pendant un moment rien d'autre n'a plus d'importance; j'avais oublié l'émerveillement de découvrir les plus belles richesses de ma fille... J'avais oublié qu'il n'y avait pas d'expériences plus agréables que ces instants de communion.

Ce que j'ai compris lors de ma promenade avec mon ami le Petit Sage s'applique à l'ensemble des liens que je tisse avec les autres. Consacrer 15 minutes à notre enfant, pendant lesquelles nous ouvrons tous nos sens pour lui offrir entièrement notre attention, vaut une journée à l'accompagner dans de multiples activités. Sommes-nous vraiment présent à lui lorsque nous courons d'une occupation à l'autre sans jamais nous arrêter pour lui faire sentir qu'il est unique?

Lorsque nous entrons en relation avec les gens, offrons-nous une présence superficielle ou entière? En réalité, nous sommes tous comme les enfants. Lorsqu'un ami nous accorde toute son attention, nous réalisons alors vraiment l'importance que nous avons à ses yeux. Nous sentons que nos paroles et nos pensées ont de la valeur et nous en éprouvons un immense bonheur.

Les réactions que nous manifestons à l'égard des autres reflètent la perception que nous avons de nous-mêmes. Notre capacité de nous laisser aller en profondeur dans nos relations donne une bonne idée des ombres que nous n'avons pas encore apprivoisées à l'intérieur de nous. La psychologie a identifié depuis longtemps que le dédain qu'une personne éprouve pour quelqu'un trouve son origine dans un aspect de sa propre personnalité qu'elle rejette. Nous jugeons les autres à travers nos faiblesses et nos limites. Ce que nous détestons ou aimons chez autrui est le miroir de ce que nous adorons ou rejetons en nous.

Lorsque je confiais à mon ami le Petit Sage qu'une personne ne me plaisait pas, il me répondait toujours: «Regarde attentivement ce qui t'irrite en l'autre, car c'est une occasion unique de te réconcilier avec une partie de toi-même que tu n'acceptes pas encore. Tu devrais remercier la personne qui te dérange ainsi puisqu'elle t'aide bien plus à évoluer que celle qui te plaît. Ne manque pas cette chance.» Je m'interrogeais alors sur ma frustration pour mieux discerner mes propres faiblesses. Ce moment de réflexion me permettait par la suite de passer du jugement de l'autre à l'exploration de mes limites.

Combien de relations sabotons-nous par nos préjugés? Il est si facile d'enfermer notre regard sous des idées préconçues et de nous priver ainsi d'intéressantes découvertes sur nous-mêmes. Il est si facile de juger les autres quand nous voulons masquer nos sentiments d'insécurité et le peu de confiance que nous avons en notre propre personne.

Mon ami le Petit Sage m'a aidé à comprendre que mes complexes d'infériorité pouvaient me piéger. Mes jugements spontanés m'aident à ériger un bouclier devant mes faiblesses, mais ils élèvent aussi, de ce fait, une prison. Je reste alors enchaîné à mes blessures, à mes ressentiments et à mes limites. Je gagne bien davantage lorsque je réalise que les autres ne sont ni pires ni meilleurs que moi, qu'ils ne sont que différents. Quand je juge le monde entier, je veux probablement masquer mes sentiments d'infériorité. Si j'osais davantage apprivoiser les ombres présentes à l'intérieur de moi, je ne craindrais plus les autres et je risquerais moins ainsi de me priver de relations profitables.

«De quoi te défends-tu quand tu te protèges derrière tes jugements?» me répétait régulièrement le Petit Sage pendant nos longues conversations. Bien conscient de l'importance de sa question, je ne savais jamais quoi lui répondre. Ce n'est qu'après de longs temps d'arrêt à réfléchir sur moi et surtout sur les vérités que je m'efforçais de cacher que j'ai réussi à voir la réponse. Maintenant, je me rappelle la question de mon ami chaque fois qu'un jugement m'éloigne d'une personne que j'ai peur de connaître. Je ne trouve pas toujours immédiatement la réponse, mais j'évite de me priver de la joie de mieux me connaître en découvrant l'autre.

Mes conversations avec le Petit Sage sur l'importance d'établir des relations dénuées le plus possible de préjugés m'ont aidé à goûter des moments de bonheur que j'aurais manqués si j'étais resté dans mon aveuglement. Plaute avait tort: «l'homme n'est pas un loup pour l'homme». Je partage plutôt le point de vue de Saint-Exupéry: l'être humain est un renard attachant quand on l'apprivoise. Les réflexions qui suivent, puisées dans *Le livre de la vie* du Petit Sage, m'ont convaincu d'adopter cette vision plus bienveillante de l'être humain...

En toute vérité

Quand je te juge, pardonne-moi
car, en toute vérité,
je condamne ce que tu me fais voir en moi qui me blesse.
Quand je te rejette, pardonne-moi
car, en toute vérité,
je tourne le dos au miroir que tu places devant mes faiblesses.

Quand je refuse de te donner du pain, pardonne-moi
car, en toute vérité,
j'ai peur du vide au fond de moi et de ma pauvreté intérieure.
Quand je renonce à te connaître, pardonne-moi
car, en toute vérité,
je me protège de ta main qui m'appelle à sortir de ma noirceur.

Quand je ne t'écoute pas, pardonne-moi
car, en toute vérité,
je ne veux pas entendre mes blessures crier leur souffrance.
Quand je n'ai pas le temps de t'aider, pardonne-moi
car, en toute vérité,
tu me rappelles mes limites et mon impuissance.
Et quand je ne prends pas le risque de t'aimer, pardonne-moi
car, en toute vérité,
je n'ai pas encore osé me laisser aimer
comme je suis... en vérité.

Notre évolution personnelle
n'est qu'illusion si elle ne s'intègre pas
dans un vaste mouvement collectif
en vue d'ériger un monde meilleur.

C'est en nous impliquant
dans le réseau universel des échanges humains
que nous parviendrons
à l'édification réciproque de chacun.

Si tu trouves la porte du cœur
de celui qui t'a blessé,
tu comprendras que tu peux
y entrer sans t'acharner
à en frapper les murs.

L'amour véritablement créateur
ne considère pas l'autre
en fonction de ses réalisations passées,
mais selon ses mérites futurs.

Ton jugement condamne l'autre
au fond de ses limites.
Seul ton amour peut lui permettre
de les dépasser.

Une minute d'écoute
nous épargne souvent des heures passées
à réparer les torts d'une dispute.

Le respect n'est pas tant
prosternation devant le prince
que main tendue au mendiant.

La communication suppose
plusieurs points de vue;
on ne s'entretient pas longtemps
du même propos.

Démonstration lumineuse de la solidarité:
cent morceaux de charbon séparés
produisent moins de chaleur
que vingt-cinq morceaux réunis.

Nous brillons davantage
par une écoute silencieuse
que par une enfilade de belles paroles.

Il est plus aisé de se taire
que de rattraper une parole fâcheuse.

⁂

*P*our accompagner autrui,
notre humilité doit être au moins aussi grande
que notre souci personnel de l'aider à grandir.

⁂

L'amour n'exige pas le meilleur d'autrui,
mais le suscite.

⁂

*L*a bienveillance, par la transformation
qu'elle opère dans notre regard,
contribue à guérir l'autre de ses handicaps.

⁂

*J*e ne me rends pas disponible à aimer les autres
lorsque ma gêne m'interdit de me laisser aimer.

⁂

*A*ccepter de recevoir,
c'est honorer déjà celui qui donne.

⁂

*S*i la violence arrive aisément
à renverser un mur défaillant,
on l'a rarement vue en réédifier de second.

⁂

La meilleure façon
de souhaiter le bien
est de se consacrer à sa matérialisation.

❧

L'autre a tort aussi longtemps
que mes préjugés m'empêchent
de saisir sa part de vérité.

❧

Il faut moins craindre ses ennemis
que les pensées obsédantes
entretenues à leur sujet.

❧

Patience:
vertu qui nous quitte au moment
où elle serait la plus utile.

❧

La meilleure façon de paraître ridicule,
c'est encore de se prendre au sérieux.

❧

La véritable grandeur s'incline
devant plus petit qu'elle.

❧

Qui est jugé se défend,
qui est estimé se corrige.

✤

Certaines personnes ont bien peu d'opinions
si on considère la farouche énergie
avec laquelle elles résistent à s'en défaire.

✤

La connaissance véritable de l'autre
ne commence qu'une fois franchie
la frontière de tous les préjugés.

✤

Il n'existe pas de plus belle image du courage
que la paix d'un seul cœur
résistant à toute la violence du monde.

✤

Je ne t'ai pas créé seulement pour transformer le monde,
mais pour que chaque personne
que tu rencontreras sur ton chemin
soit transformée par la qualité de ta présence.
Alors, goutte à goutte, de ruisseaux en rivières,
l'océan n'aura plus la même saveur.

✤

On veut changer beaucoup de choses
quand on refuse de se changer soi-même.

*Il est plus facile de donner à notre enfant nos réponses
que de lui transmettre la passion de chercher.
Mais il ne pourra jamais nous dépasser si nous ne conservons pas
la patience de lui enseigner à découvrir son propre chemin.*

Chapitre 4

POUR MIEUX APPRENDRE, POUR MIEUX ÉDUQUER

Éduquer,
c'est aider l'autre
à devenir lui-même.

Qui m'apprendra à construire mes fondations?

Mon ami, le Petit Sage, ne possédait aucun diplôme en enseignement et pourtant j'ai tellement appris à ses côtés, sans doute parce qu'il incarnait ce qu'il prêchait. C'est effectivement auprès de lui que j'ai découvert que le pouvoir d'éduquer réside surtout dans la force du témoignage.

Dans notre vie, nous rencontrons plusieurs professeurs, capables de nous communiquer des connaissances, mais peu de témoins capables d'illuminer notre intelligence. On réussit relativement bien à accroître le savoir d'une autre personne. Ce qui s'avère plus difficile, c'est de lui transmettre aussi la liberté de penser et le goût de développer sa conscience. Aucune école n'évalue l'acquisition de cette richesse qui ne se mesure pas. Mais notre incapacité à la quantifier justifie-t-elle qu'on la néglige?

Les familles et les écoles empruntent, souvent malgré elles, l'autoroute de la productivité et de la rentabilité. Les jeunes grandissent alors dans des milieux où règne davantage «le faire» que «l'être». Ils se retrouvent ainsi sur un très vaste terrain où l'on cultive l'abondance et l'éphémère. Mais le sol fertile n'a pas de profondeur. On a négligé l'enracinement au profit d'une germination plus rapide et plus nombreuse qui ne résistera pas aux sécheresses de l'existence. Lorsque les jeunes arrivent à l'âge adulte, ils savent consommer des connaissances, des vêtements, des jeux électroniques, des sorties, des autos... mais ils savent si peu goûter à la vie.

À l'école et à la maison, on «fait» beaucoup de choses pour les enfants, mais développons-nous une qualité de présence suffisante pour «être» aussi avec eux? Ils réussissent généralement bien à saisir l'essentiel de ce qu'on leur communique, mais ils ont par contre besoin de la profondeur de notre regard pour reconnaître le meilleur d'eux-mêmes. Comment les jeunes parviendront-ils à surmonter les obstacles, à se relever après une chute, à traverser leurs déserts et à donner un sens à leur souffrance s'ils n'ont pas eu des modèles significatifs auprès d'eux?

Le Petit Sage me répétait régulièrement cette phrase: «Je resterai un perpétuel élève de la vie. Je m'instruis au contact de toutes les personnes que je rencontre parce qu'elles sont différentes de moi.» En me référant à ma relation avec mon ami, je pense qu'il ne faut jamais quitter le terrain de l'apprentissage pour bien enseigner. C'est l'ultime voie du témoignage. Le Petit Sage avait probablement raison quand il me précisait, bien humblement, qu'il ne se jugeait pas plus grand que les autres. Ce qui le distinguait peut-être, c'est qu'il se voyait assez petit pour vouloir grandir jusqu'à la fin de ses jours.

Le maître accueille mieux ses élèves quand il ne perd pas de vue qu'il se situe, lui aussi, dans un processus d'apprentissage. Il n'oublie pas que ses sujets ont besoin non seulement de sa matière — dont la majeure partie sera d'ailleurs rapidement oubliée — mais encore et surtout de la profondeur de son témoignage.

Quand on glorifie les statistiques et la productivité à l'aide de graphiques comme si l'éducation de nos enfants était inscrite à la bourse, on vénère les apparences. On crée forcément alors des programmes superficiels dans lesquels on attire uniquement l'attention des élèves vers ce qui appartient au visible et au mesurable. Les parents, obsédés eux aussi par les records d'une prétendue performance, concentrent leur énergie sur des résultats vérifiables à court terme, tout comme ils évaluent sans doute leur propre rendement au travail.

Un jour, j'ai confié au Petit Sage une fille de 21 ans qui se sentait perdue à la fin de ses études universitaires. Je l'ai accompagnée chez mon ami, convaincu qu'elle trouverait la lumière qu'elle cherchait. Elle bombarda le Petit Sage de questions pendant plus d'une heure, telle une assoiffée qui découvre un puits après des heures de marche dans le désert. Exaspérée de ne pas trouver ici instantanément ce qu'elle voulait depuis longtemps, elle se retourna vers moi pour me communiquer son découragement: «Pourquoi m'as-tu conduite vers lui? Il ne répond pas à mes questions, il me dit de chercher. Il ne comprend pas que j'ai besoin de trouver immédiatement un sens à ma vie.» Le Petit Sage savait très bien ce qu'elle lui demandait, mais la démarche qu'il lui proposait ne lui plaisait pas.

Le drame avec notre époque de repas rapides, de plats au micro-ondes, de machines à haute vitesse, c'est qu'on veut tout rapidement. On se nourrit sans déguster, on se parle sans communiquer et l'on se croise sans vraiment entrer en relation. Après le départ précipité de la jeune fille, le Petit Sage a voulu adoucir ma déception par cette analogie: «Elle reviendra sûrement après un moment de réflexion. Évitons son empressement à obtenir des résultats immédiats. Tu sais déjà qu'il est beaucoup plus long de transmettre à quelqu'un la passion de chercher que de lui donner des réponses. On a surtout enseigné à cette fille à observer les phénomènes de la réalité uniquement de l'extérieur parce que c'est plus rapide et quantifiable. On peut ainsi vérifier si elle sait compter le nombre de fenêtres d'un immeuble, reconnaître les matériaux qui recouvrent sa structure et identifier les couleurs de sa façade. Cependant, personne n'a pris le temps de l'inviter à chercher le secret de la force de cet immeuble en découvrant ses solides poutres dissimulées dans les murs et sous les planchers. Elle ignore le principe des fondations qui maintiennent toute structure architecturale pointée vers le ciel. Elle ne réalise donc pas combien le sommet de l'immeuble qu'elle examine serait fragile sans ses racines de béton et d'acier.»

Notre société de consommation nous encourage dans bien des sphères de la vie à ne regarder que la façade des immeubles. Nous manquons désespérément de profondeur, autant dans nos relations que dans notre éducation. Nous voulons aller au plus vite, au plus court, alors nous négligeons les fondations. Qu'est-ce qui se passe lorsque des vents violents ou des tremblements de terre nous secouent? Tout s'écroule comme un château de cartes.

Nous conservons l'illusion que nous devenons plus riches et plus savants en accumulant un tas d'objets ou un tas de connaissances. En réalité, nous ne progressons pas avec ce que nous amassons, mais avec ce que nous retenons et intégrons en profondeur. À quoi bon construire une longue rangée d'immeubles plus élevés que tous les autres, s'ils ne restent plus debout après une forte tempête? Le drame n'appartient pas aux cataclysmes qui ébranlent notre vie, mais à la fragilité de nos constructions sans fondements.

Notre monde en crise souffre de l'écroulement de ses géantes tours «aux pieds d'argile». La puissance économique de la mondialisation ne dépasse pas les façades de ses bâtiments menacés de secousse. Notre monde sait produire de plus en plus, sans pour autant songer à répartir équitablement les provisions de ses hauts greniers qui s'effondreront à la moindre crise économique. Il ne sait que consommer sans réfléchir aux conséquences de son gaspillage. Le véritable drame, c'est que notre monde nous enseigne davantage à dilapider qu'à partager, davantage à consommer qu'à goûter.

Le Petit Sage aimait me rappeler qu'il ne pouvait voir immédiatement ce qu'il avait réussi à me transmettre. «Je t'ai expliqué le chemin sans te porter sur mon dos. Je t'ai apporté la matière, mais c'est toi l'artiste. En t'observant créer, année après année, en contemplant tes œuvres, je comprendrai enfin un peu mieux la richesse de mon dévouement pour toi. Il m'importe peu d'évaluer maintenant la quantité de matière que tu possèdes; je m'intéresse plutôt à ce que tu vas réaliser. Je t'ai accompagné pour t'aider à pénétrer dans tes fondations. Ma mission s'arrête là: te guider jusqu'à tes trésors. À toi maintenant d'utiliser le mieux possible tes richesses.»

Je constate aujourd'hui à quel point le Petit Sage connaissait le long mûrissement des plus grandes leçons de la vie. Sa présence physique me manque beaucoup, surtout lorsque je réalise une belle œuvre avec la matière qu'il m'a donnée. J'aimerais tellement voir ses yeux remplis de fierté. Je me réconforte en pensant à la confiance qu'il me communiquait. Il avait probablement anticipé ce que je ferais de grand avec son héritage. Je conserve précieusement son *Livre de la vie* dans lequel je retrouve de précieuses réflexions sur l'enseignement, le savoir et la sagesse mûries au soleil de l'expérience de la vie...

Les jeunes sont si compliqués

Les jeunes ont besoin de parents
et on leur donne des jeux virtuels.
Les jeunes veulent communiquer
et on leur donne Internet.
Les jeunes désirent apprendre
et on leur donne un diplôme.
Les jeunes revendiquent plus de liberté
et on leur donne une auto.
Les jeunes recherchent l'amour
et on leur donne un condom pour leur protection.
Les jeunes aiment penser
et on leur donne un savoir.
Les jeunes sont en quête d'espérance
et on leur donne la pression de la performance.
Les jeunes souhaitent découvrir un sens à leur vie
et on leur donne une carrière.
Les jeunes rêvent de bonheur
et on leur donne les plaisirs de la consommation.

Les jeunes sont compliqués, n'est-ce pas?
C'est vrai, surtout quand ils traversent cette période
où ils revendiquent la différence
pour nous aider à ne jamais oublier notre propre jeunesse.
Cette période dérangeante
que nous appelons l'«adolescence».

❦

$\mathcal{L}$es grandes réalisations
mûrissent lentement;
elles requièrent la patience du paysan
et la vision de l'artiste.

❦

$\mathcal{L}$a chance ne se manifeste pas gratuitement;
elle ne vient le plus souvent
qu'à la rencontre d'une grande patience.

❦

$\mathcal{L}$e choix d'une destination
ne suffit pas toujours à maintenir
la motivation d'un périple;
aussi vaut-il mieux emprunter
le chemin le moins susceptible d'abandon.

❦

$\mathcal{J}$e ne connais pas de sensation plus intense
que celle que j'éprouve
au moment où mon enfant s'abandonne
et s'endort dans mes bras.

❦

$\mathcal{P}$remière leçon d'un enseignant:
Apprendre à ses élèves à bien se servir
de leur intelligence…
et à chérir l'inestimable liberté de penser.

❦

Défaite de l'éducation:
diplômer des personnes qui ont renoncé à réfléchir.

❧

Dilemme éducatif:
former des gens qui vont s'adapter
aux besoins de la société,
ou former des gens qui vont adapter
la société à leurs besoins.

❧

Plus la voie est simple et rapide
et moins elle risque de nous en apprendre.

❧

L'intérêt d'un projet
réside moins dans ses avantages pécuniaires
que dans la nature de l'expérience
qu'il nous propose de vivre.

❧

C'est dans les réponses
plus que dans les questions
que chacun dévoile son ignorance.

❧

Comment pourrons-nous enseigner
la confiance et l'autonomie à un enfant
si nous laissons nos désirs et nos peurs
définir qui il doit être?

✤

Une sage éducation s'apparente
à la technique du cerf-volant:
laisser assez de mou pour permettre l'envol,
mais tenir assez fermement la corde
pour être en mesure de ramener rapidement
en cas de besoin.

✤

Il n'est jamais trop tard;
aujourd'hui est toujours l'occasion
de faire quelque chose de mieux.

✤

Laissons à nos enfants
un héritage qui ne saurait périr
et qu'ils ne pourront jamais s'aliéner:
de beaux souvenirs.

✤

Les bons professeurs
transmettent des connaissances;
les meilleurs, le désir d'apprendre.

✤

Dans l'enseignement, la parole sensibilise;
l'exemple persuade.

✤

Beaucoup d'adolescents
pourraient résoudre leurs problèmes
si on comprenait une fois pour toutes
qu'ils ont plus besoin d'amour que de conseils.

❧

L'amour prodigué par les parents
est le plus précieux des héritages.

❧

C'est le désir de grandir
qui permet de traverser toutes les contraintes
et les douleurs de l'apprentissage.

❧

Une seule chose que nous ne pouvons
nous permettre de perdre avec les années:
la capacité de nous indigner.

❧

Nos enfants nous volent du temps pour *faire*,
mais nous en donnent pour *être*.

❧

L'expérience rapporte toujours plus qu'elle ne coûte.

❧

Nous risquons de négliger le présent de nos enfants
à vouloir trop bien préparer leur avenir.

Ne soyons pas des modèles rigides,
mais plutôt des miroirs dans lesquels
chacun pourra entrevoir sa propre lumière.

Rien ne pourra racheter ou remplacer
le temps que nous n'avons jamais consacré
à nos enfants.

J'ai bien réalisé mon rôle d'éducateur
lorsqu'une de mes élèves de 14 ans
a laissé sur mon bureau cette petite note:
«Je vais peut-être oublier tes conseils
et tes réponses, mais je me souviendrai toujours
de ta présence. Merci.»

Deuxième partie

Pendant les premières saisons de notre relation,
les rameaux de notre vigne ont gagné de la force.
Aujourd'hui, nos premiers fruits viennent confirmer
la maturité de notre alliance et le vin qui fermente
a un arôme d'éternité.

Chapitre 5

POUR DES MATINS DE TENDRESSE

Un seul geste de tendresse
apporte souvent plus de bien
que mille paroles de sagesse.

Ressuscité par l'amour

Parmi tous les trésors du monde, aucun ne peut ressusciter une personne ici-bas. Vraiment aucun, dit la rumeur. Et pourtant, j'ai vu l'amour apporter une lumière à des gens sans vie, attendrir un cœur durci par la violence et relever un prisonnier courbé par le rejet. Je l'ai vu aussi essuyer les larmes de silence d'un jeune isolé dans sa souffrance et surtout donner naissance à des rencontres qui font grandir.

L'amour est capable de ressusciter, car il crée la vie. Il nous ouvre à l'infini quand nous le laissons agir en nous. Lors d'une vraie rencontre, si nous décidons d'aimer, nous ne savons pas où cette relation nous mènera. C'est la promesse d'un matin ensoleillé sans l'assurance d'être épargné par des sombres nuages avant la fin de l'après-midi. Malgré cette incertitude, nous osons avancer parce que nous voyons des barrières céder avec la levée de nos craintes. Nous devenons de plus en plus proches de l'autre sans jamais percer entièrement son mystère. Nous pénétrons alors dans l'éternité de cette rencontre.

«Nous n'allons pas très loin sur le chemin de l'amour quand nous n'abandonnons pas nos peurs», me rappelait régulièrement le Petit Sage lorsqu'il sentait ma résistance à me laisser découvrir par l'autre. Le tracé inconnu d'une relation comporte souvent des montagnes ou des passages étroits qui nous obligent à nous dépouiller du poids de nos préjugés.

J'ai découvert la force imprévisible d'une véritable rencontre de tendresse lorsque j'étais responsable d'une communauté de jeunes toxicomanes. Je me souviens de Charles, 24 ans, endurci par trop d'années de violence et de blessures. Il détestait les soirées de ressourcement du lundi parce qu'il y avait parmi les invités réguliers une jeune trisomique, Mélanie, 18 ans. Il cherchait, chaque lundi, par tous les moyens, à s'éloigner d'elle le plus discrètement possible pour ne pas la vexer. Plus il fuyait, plus elle s'approchait, comme si elle savait que dans sa stratégie, ce n'était pas elle, mais lui-même qu'il rejetait.

La ténacité de Mélanie parvint, après plusieurs semaines, à fissurer la carapace de Charles. À la fin d'une soirée, au moment du départ des invités, Mélanie prit le bras de Charles juste avant qu'il ne parte en direction de sa chambre et le serra contre sa forte taille. Elle lui dit alors: «On dirait que tu as peur qu'on t'aime. Pourquoi tu ne veux pas de bec?» Il ne répondit pas directement à sa question, se limitant cette fois-là à lui sourire en répliquant: «Tes becs me font toujours du bien.»

Après cette soirée mémorable, j'ai vu Charles se transformer et surprendre toute la communauté par son ouverture de plus en plus chaleureuse. Il ne porta plus aussi constamment son masque de dur à cuire. Qu'est-ce qui s'était passé? Comment expliquer un tel miracle?

J'ai compris une bonne partie du mystère lorsqu'un lundi soir, Charles osa offrir à la communauté le précieux cadeau de son témoignage. Après nous avoir confié les grandes blessures de son enfance, il nous raconta comment il avait réussi à survivre en protégeant son cœur dans une armure et en fuyant dans la drogue.

Puis la voix de Charles devint toute tremblante lorsqu'il commença à nous parler de ses nombreuses tentatives de rompre les chaînes de sa consommation: «Combien de fois j'ai rencontré des personnes qui prétendaient être là pour m'aider, mais qui ne prenaient jamais vraiment le temps d'essayer de m'accepter tel que j'étais afin de m'apprivoiser? Combien de fois on m'a dit que je devais arrêter de me geler parce que je détruisais ma santé? Comme si je ne le savais pas, alors que je pouvais en vomir pendant des jours. Je n'avais pas besoin de savoir ce que je devais faire, j'avais besoin qu'on me donne une raison de ne pas me détruire…»

Après une longue pause, Charles regarda attentivement en direction de Mélanie, puis il nous dit d'une voix émue: «Pourquoi aurais-je voulu prendre soin de ma santé alors que je me sentais mort depuis si longtemps? Je suis allé en thérapie pour prendre une pause et pour éviter la prison. En vérité, je n'avais pas vraiment l'intention d'arrêter ma consommation. Mais

Mélanie est venu tout faire basculer. Son regard de tendresse m'a donné la vie et le courage de m'accepter tel que je suis. Elle m'a ressuscité parce qu'elle m'a accueilli sans me juger. Elle a été capable de voir ce que j'avais de plus beau en moi, sous mes masques. Elle est venue me chercher, car elle ne pouvait accepter que je me rejette moi-même.»

Les alcooliques ou les toxicomanes n'ont pas besoin de se faire dire quoi faire. Ils désirent avant tout rencontrer quelqu'un qui les aidera à trouver une raison de vivre. Ils recherchent un regard qui les délivrera du poids de leur dépendance. Il n'y a que la tendresse qui peut répondre à leurs cris de détresse. Une tendresse traduite par un regard dépouillé de jugement et une écoute inconditionnelle qui va au-delà des mots pour comprendre le sens des paroles. Car écouter, c'est aussi entendre les émotions qui font vibrer le silence.

Les nombreuses années d'efforts et la grande somme de connaissances des spécialistes n'ont jamais réussi à vaincre la puissante attraction de la drogue dans la vie de Charles. Mais une jeune fille trisomique, avec sa seule tendresse, est parvenue à donner à Charles la force nécessaire pour renaître. Je ne nie pas l'utilité des ressources spécialisées pour les toxicomanes. Je travaille moi-même depuis assez longtemps dans le domaine pour reconnaître le précieux soutien qu'apporte cette aide aux personnes qui luttent pour rompre leur dépendance. Très utile, ce type d'intervention est cependant limité. Rien ne remplace un regard de tendresse comme celui de Mélanie, à travers lequel Charles s'est reconnu comme une personne digne d'amour.

La tendresse ne cadre pas toujours bien avec les concepts théoriques. Elle détonne dans les discours rationnels parce qu'on l'associe au sentimentalisme. Alors on l'évite pour ne pas paraître faible ou vulnérable. On croit à tort que la tendresse entache toute image de force.

«Si je confie mon besoin de tendresse, ne risque-t-on pas d'abuser de moi? À quoi me sert de m'ouvrir et d'accueillir l'autre si je risque par la suite d'être rejeté ou abandonné? Il n'est pas toujours facile de vaincre ma peur d'aimer et d'être aimé. J'ai envie de m'investir profondément dans une relation en me laissant aller à demander et à donner, mais je ne veux pas souffrir d'une séparation possible. Je désire vivre une expérience intense en osant faire confiance à la tendresse sans pour autant renoncer à mon besoin de contrôler les choses.» Hélas, pour vivre pleinement une relation amoureuse ou toute autre relation profonde, il faut se donner sans demi-mesure.

Les peurs enfouies dans notre monde imaginaire détruisent plus de belles relations que les difficultés réelles de la vie quotidienne. L'amour ressuscite, mais la crainte contribue à l'avortement de beaucoup de liens qui pourraient autrement nous aider à grandir. Combien de fois imaginons-nous les conséquences les plus sombres à la naissance d'une relation plutôt que de nous laisser surprendre par l'imprévisible partage, la découverte de sentiments intenses, les surprises de doux moments capables de nous transformer à jamais?

Depuis notre premier jour, la vie nous invite à nous ouvrir au bonheur de la rencontre amoureuse, amicale ou fraternelle. Évitons d'accabler injustement nos proches par la pression de nos inquiétudes afin de laisser plus de place à la tendresse qui cherche à se frayer un chemin.

Pendant qu'il luttait de toutes ses forces contre sa maladie, mon ami le Petit Sage réalisa plus que jamais l'importance de sentir la présence de ses proches. Il accompagna pourtant beaucoup de malades dans sa vie, mais c'est au bout de sa propre souffrance qu'il reconnut à sa pleine valeur la visite d'un ami. Comme s'il anticipait déjà l'instant magique que nous allions vivre avant son grand voyage, le Petit Sage me murmura tout doucement ces questions: «Suis-je capable de m'arrêter pour être vraiment présent à l'autre? Est-ce qu'il est possible de prendre une minute pour recevoir sans rien prendre... pour écouter sans rien interpréter... pour donner sans conditions? Sur l'échelle du temps, cette minute paraît si courte, mais un moment si intense de vérité se prolonge toujours dans l'éternité de notre mémoire.»

J'ai médité plus d'une fois la vérité évoquée par les questions du Petit Sage. Elle m'a aidé à vivre pleinement notre dernier rendez-vous. Elle est maintenant inscrite dans mon propre *Livre de la vie* à côté des belles réflexions sur la tendresse de mon ami...

Le vin de notre tendresse

Mon premier regard vers toi a répandu
une semence d'amour dans mon cœur.
Mon premier baiser posé sur tes lèvres
a arrosé cette semence.
Mon premier «oui» prononcé
pour m'engager dans notre relation
a confirmé cette pousse nouvelle.
Et pendant nos premières saisons ensemble,
les rameaux de notre vigne ont gagné de la force.
Aujourd'hui, nos premiers fruits viennent confirmer
la maturité de notre alliance
et le vin qui fermente a un arôme d'éternité.

À la recherche de l'amour

Nous sommes partis chercher l'amour.
Depuis ta dernière rupture, tu n'y croyais plus.
Moi, toujours seul, je ne rêvais qu'à lui.

Tu as voulu abandonner dès le premier détour.
Je me souviens que toute la journée, il a plu.
Je t'ai dit: «Le soleil asséchera la pluie.»
Et ma parole d'amitié t'a plu.

Nous avons continué à marcher jour et nuit.
Ta douloureuse fatigue t'a convaincue d'arrêter.
Tu n'avais plus de force pour affronter les ennuis.
Et jusqu'au matin, je suis resté à tes côtés.

La peine au cœur, je suis reparti sans toi.
J'ai traversé des déserts et des vergers.
Le soleil a brillé et je me suis reposé à l'ombre d'un toit.
J'ai alors compris ce qui t'avait découragée.
L'amour que tu cherchais, je le cachais en moi.
Mais là, je l'ai trouvé et comme un messager,
je reviens te l'apporter, car maintenant, j'y crois.

Apprends-moi

Apprends-moi
à être présent à toi sans t'envahir.
Apprends-moi
à me dévoiler sans me trahir.
Apprends-moi
à t'accompagner sans te posséder.
Apprends-moi
à me sentir libre dans notre amour sans m'évader.
Apprends-moi
à me donner généreusement sans me perdre en toi.
Apprends-moi
à être vrai sans me sentir vulnérable si je te déçois.
Apprends-moi
tous les matins, sans routine, à renouveler ma tendresse.
Apprends-moi
à recevoir, sans réserve, tes caresses.
Car je veux réaliser ma promesse
de mieux apprendre à t'aimer.

❦

Le vent de la vie souffle dans mon destin
une perpétuelle brise de caresse
depuis que je respire tous les matins
la douce présence de ta tendresse.

❦

La vie ne s'éveille réellement
qu'au matin de l'amour,
quand la réalité d'une tendresse
suspend tous nos rêves.

❦

La tendresse, c'est tout l'amour
que les mots ne diront jamais.

❦

La tendresse, c'est ce courant d'air tiède et agréable,
soufflé par l'intensité de ton attention,
capable de repousser mille distractions
pour me permettre de sentir
la gratuité d'un instant magique.

❦

Rêver d'un monde merveilleux,
croire aux forces de guérison de l'amour,
goûter à l'instant présent pour être heureux,
renouveler sa capacité d'aimer jour après jour,
laisser la tendresse entrer dans son cœur pour le nourrir,
accueillir dans tous ses sens le parfum de la joie,

conserver toute l'affection de ses souvenirs,
c'est si facile quand je pense à toi.

✿

Certaines personnes,
par leur authenticité et leur profondeur,
marquent à jamais notre histoire.
Leur image est une permanente source d'inspiration.
Le passage de ces témoins ne dure parfois qu'un moment.
Nous comprenons alors
que malgré les années écoulées depuis leur départ,
le temps n'a pas d'importance,
mais que ces personnes en auront toujours.

✿

Si tu savais à quel point je souffre
de ne pas réussir à te communiquer,
par mes mots, toute l'intensité de mon amour.
Malgré tout, je sais depuis notre premier jour
qu'il est plus douloureux de le taire.

✿

Quand je t'ai dit oui,
je ne savais pas que ma réponse
allait me grandir.
Au-delà de mon image,
je ne voulais pas te décevoir.
Aujourd'hui, dans tes bras ouverts,
je m'abandonne pour goûter
à l'infinie joie d'être accueilli.
Depuis le premier jour
où j'ai osé me donner,
je me sens rempli de notre amour.

❧

L'amour ne quitte pas un cœur
sans y laisser sa marque.

❧

L'amour est aussi vaste que la mer:
nous semblons voir où il commence,
mais nous ne savons jamais où il s'achève.

❧

À celui qui craindrait
de souffrir en tombant en amour:
descends une marche à la fois.

❧

*A*ucun cadeau reçu ne dépasse en émotions
les beaux souvenirs vécus avec toi.
Les moments inoubliables partagés ensemble
demeurent un héritage permanent,
car les années n'usent jamais les bons souvenirs;
elles en augmentent la valeur.

❧

*S*i un jour, on me demandait de définir l'amitié,
en un mot, j'écrirais sans hésiter...
ton nom.

Parfois plus longue que prévue,
la route de l'effort ne trompe jamais les marcheurs.
Ceux qui en doutent ne vont pas assez loin.

Chapitre 6

POUR DES JOURS DIFFICILES

Si tu te souviens de ce que l'épreuve t'a enlevé,
tu retiens de la tristesse;
si tu accueilles ce qu'elle t'apprend,
tu retiens de la sagesse.

L'éveil de nos plus belles forces

Lorsque nous révisons l'histoire de notre vie, nous aimons nous arrêter aux plus beaux souvenirs: la naissance d'un enfant, une promotion, la réalisation d'un grand rêve, des vacances au bord de la mer, une douce soirée d'amour ou une fête avec des amis. Il est tellement agréable de penser à ces périodes favorables où tout se passait comme nous l'avions prévu et même au-delà.

Mais la vie est un cycle de mort et de renaissance, de perte et de transformation. Son mouvement nous entraîne dans un perpétuel processus d'adaptation. Entre les moments heureux, se glissent donc des passages plus troublants, composés de deuil et de renoncement. Même si nous guérissons, notre mémoire n'efface pas les blessures subies par la disparition d'un être cher, une rupture amoureuse, un échec important, une longue maladie ou la perte de quelque chose qui a exigé une grande somme de travail. Rien ne disparaît, car tous ces souvenirs douloureux nous guident aujourd'hui. Ils révèlent notre capacité de renaître après des saisons mortes.

Une lourde perte nous entraîne toujours dans une période difficile. Ce temps douloureux du mûrissement d'une souffrance, cette étape incompréhensible, mais si intense, de l'acceptation du dépouillement, constitue le moment le plus riche de notre vie. Car c'est dans la reconnaissance de notre pauvreté que nous découvrons l'abondance de l'amour qui nous entoure. L'inconfort de notre peine ouvre notre porte intérieure, trop souvent fermée à l'aide offerte par nos amis, notre famille ou nos meilleures relations.

«Nos grandes pertes attirent souvent nos yeux sur la richesse de nos amours», m'a déjà précisé le Petit Sage en me racontant l'histoire touchante de son amie Julie. Cette dernière a perdu son fils unique, Louis-Benoît, âgé de trois ans à peine, d'une rapide noyade, alors qu'il avait échappé à son attention durant quelques minutes. Une terrible tragédie pour cette mère de 35 ans qui vivait, jusque-là, l'une des plus merveilleuses périodes de sa vie. Le choc de l'enfer remit tout en question. La mort de son fils représentait pour elle la fin du monde. Son existence a basculé dans le vide et plus rien n'avait de valeur à ses yeux, même les personnes qu'elle aimait. Cependant, elle reçut, malgré cette tendance à se replier sur elle-même, un soutien très fidèle de son entourage.

Une année après le drame, le Petit Sage a invité Julie chez lui. Il a profité de ce moment particulier pour souligner son courage et la féliciter de vivre patiemment toutes les étapes de son deuil. Elle lui révéla alors ce qui lui avait permis de se relever: «Avant le départ de Louis-Benoît, je ne savais pas que j'étais aimée par tant de personnes extraordinaires. Cet amour ne m'a pas redonné ce que j'avais perdu, mais il m'a ouvert les yeux sur ce qu'il me restait. Je me suis appuyée sur cela pour me relever. Je n'ai sûrement pas été très accueillante au début. Je voulais seulement chasser ma souffrance, alors je cherchais à m'évader de tout, même des autres. Mais si vous saviez comment votre présence m'a insufflé de l'espérance. Je ne me sentais pas seule à porter ma peine. Je n'ai jamais reçu autant d'amour, comme si de là-haut, une force mystérieuse voulait me tirer du vide dans lequel m'a plongée la mort de mon fils unique.»

Évidemment, au début d'un deuil, nous ne pouvons voir ce que Julie n'a réalisé qu'après plusieurs mois de travail pour donner un sens à sa perte. La douleur monopolise d'abord une grande partie de notre énergie. Cependant, la souffrance éveille peu à peu en nous un champ de résonance, car, malgré toutes nos tentatives, nous ne pouvons fuir ce qui s'anime au fond de notre âme. Quand le mal devient trop intense, les mécanismes de défense ne parviennent plus à filtrer les émotions. Le cœur, dépouillé de son armure, se laisse plus facilement aimer dans sa sensibilité. Il est alors obligé de tout ressentir: la torture de sa tristesse, mais aussi le baume réconfortant de l'affection qu'il reçoit.

Il arrive aussi quelquefois qu'une armure reste rivée au cœur malgré l'intensité de la souffrance. La personne blessée demeure alors méfiante, imperméable au soutien de l'entourage. Elle cherchera par tous les moyens une fuite, jusqu'à penser au suicide, craignant moins ainsi la mort que la douleur. Au fond, elle voudrait pourtant être aidée, mais sa peur verrouille toutes les issues.

Il n'y a pas que les professionnels qui peuvent accompagner adéquatement les gens blessés. Nous avons aussi, en raison de notre lien privilégié, un soutien très important à apporter à nos proches en détresse. Malheureusement, nous négligeons souvent l'essentiel quand nous répondons à un cri de désespoir. Nous sommes disposés à accueillir l'éprouvé, mais nous rejetons sans le savoir sa souffrance. Sans mauvaise volonté, il est fréquent de remarquer, dans le cercle intime d'une personne affligée, des attitudes et des paroles qui visent à lui changer les idées. Or, agissant ainsi, l'entourage justifie la peur, chez l'endeuillé, de ne pas être compris et reconnu dans sa peine. Le mur de l'isolement devient alors de plus en plus épais. Combien de jeunes se retrouvent dans cette situation? J'ai conservé avec moi cette petite lettre retrouvée près d'une adolescente de 17 ans, Sonia, après sa tentative de suicide:

> Pourquoi suis-je ici? Qu'est-ce que je fais en vie? Je ne suis plus capable. J'ai le goût de crier, de pleurer, de me défouler, mais j'ai le cœur trop déchiré. Mon seul désir, c'est de partir pour ne plus souffrir, pour détruire mes souvenirs et oublier ce que j'ai vécu. Il y a des gens qui me disent que ça va passer. Ne dites rien! En silence je partirai.

Heureusement, Sonia a survécu et elle a peu à peu ouvert sa porte à l'espérance parce que des personnes significatives l'ont finalement accueillie avec son mal de vivre. L'expression de cet amour inconditionnel a modifié sa perception d'elle-même. «Elle en valait la peine maintenant», comme elle le déclara par la suite. Sonia est parvenue à guérir progressivement ses blessures en reconnaissant mieux ses forces mais aussi en tissant des liens très solides avec des personnes qu'elle craignait auparavant.

Parce que les épreuves attirent notre attention sur la profondeur de nos relations avec les autres et avec nous-mêmes, elles nous font découvrir des trésors cachés. Elles nous tirent du confort de la surface de l'océan de la vie pour nous plonger dans les richesses de ses profondeurs. Nous allons alors puiser des réserves de volonté, d'espoir et d'amour inconnues auparavant.

Riche de nombreuses expériences difficiles, mon ami le Petit Sage sait à quel point les moments douloureux enrichissent les liens entre les gens. Les relations deviennent plus intenses et davantage animées de compassion, d'écoute et de générosité. Les personnes quittent la surface de leurs nombreuses occupations routinières pour se rencontrer en profondeur. Le Petit Sage ne bénit pas les épreuves pénibles de son histoire, mais il reconnaît l'inestimable sagesse et les leçons d'amour qu'il en retire. Il a hérité d'une plus grande sérénité avec laquelle il a préparé son esprit à vivre la fin de sa maladie et son inévitable dénouement.

Quand j'ai vu l'état de santé du Petit Sage décliner, je lui ai demandé si les tragédies sont nécessaires pour nous rapprocher des autres et nous ramener à l'amour. Comme toujours, la réponse s'est enracinée lentement dans ma pensée, le temps nécessaire pour accepter sa vérité. Avec une assurance déconcertante vu son état, il m'a répondu: «Je crois que la vie n'a pas d'autre finalité que le bonheur. Dieu aime nous voir heureux. Il ne se réjouit jamais de nos épreuves. Comment pourrait-il en être autrement pour un Dieu d'amour et de miséricorde? Il nous respecte tellement, il croit si profondément en nos capacités que sa confiance en nous dépasse notre compréhension. Il refuse d'agir à notre place malgré notre perception de sa toute-puissance. Dieu ne nous abandonne pas pour autant. Sans nous épargner l'obscurité, il nous apporte un peu de lumière. Étrangement, les périodes les plus sombres nous aident à retrouver notre chemin. Lorsque nous dérivons loin de nos priorités, les tragédies ajustent notre boussole pour nous rappeler ce qui est vraiment important.»

Même si je n'ai pas assimilé immédiatement tout le message de mon ami, j'ai écouté ma douleur de le voir bientôt partir pour un autre monde et j'ai suivi la voie de mes réelles

valeurs. J'ai pris le temps de savourer pleinement mes dernières rencontres avec lui. Mais mon attitude a aussi dépassé le
cadre de notre relation. J'ai investi plus d'énergie auprès de
ceux que j'aime sans attendre une quelconque menace de les
perdre. J'ai augmenté la fréquence de mes contacts avec des
amis que j'avais négligés, puis j'ai davantage exprimé mon
affection à ma compagne de vie et à mes enfants.

Je reconnais aujourd'hui les effets positifs de cet accompa-
gnement de mon ami jusqu'au bout de sa maladie. Mais je me
souviens très bien aussi de ma colère devant son inévitable départ. J'éprouvais beaucoup de difficulté à la dissimuler devant
les yeux remplis de sérénité du Petit Sage. D'ailleurs, la fai-
blesse de son corps n'avait rien enlevé à la perspicacité de son
esprit. Il devina mes résistances déguisées par un calme peu
crédible au vu de son expérience. Il savait que je n'acceptais
pas mon impuissance à modifier l'issue de sa destinée. Alors,
fidèle à son habitude, il m'invita à changer mes perceptions en
me présentant cette métaphore:

Le vent glacial de l'automne qui a brisé la vie de la fleur dont tu
as pris soin pendant tout l'été est ce même vent qui a distribué
ses milliers de semences.
Tu peux regretter à jamais ta fleur disparue et piétiner son héritage. Mais, si tu le désires, tu es capable de poursuivre l'œuvre
du vent plutôt que de le maudire.
Tu transformeras alors la terre en un nid d'accueil pour les semences. Puis, avec toute la tendresse de tes soins, ta fleur disparue se métamorphosera en un jardin. Et sa descendance glorifiera
à jamais sa beauté jusqu'aux profondeurs du firmament.

En quelques phrases, le Petit Sage me confia une mission
où je pouvais retrouver la confiance en mon initiative plutôt
que de m'enfermer dans la colère résultant de mon impuissance.
Il me retourna face à mes capacités et à mes dons. L'impossibi-
lité de vaincre sa maladie ne m'empêchait pas de prendre soin
de son œuvre ni de la partager avec le plus de gens possible.
C'est ainsi que j'ai continué à sentir sa présence comme s'il
me parlait encore. Pendant mes jours difficiles, je relis son *Li-*

vre de la vie et je redécouvre une nouvelle lumière, une rade sûre où je plonge l'ancre.

Maintenant, je veux partager avec toutes les personnes qui, comme moi, traversent parfois des passages sombres ces mots réconfortants du Petit Sage...

Tu n'es pas seul

Si tu as le cœur gros
et que nous ne pouvons l'alléger,
reste malgré tout avec nous,
car nous t'aiderons à le porter.

Si ta fatigue épuise toutes tes sources d'énergie
et que nous ne pouvons rien faire à ta place,
marche malgré tout avec nous,
car notre rythme régénérera tes forces.

Si ta faim creuse le vide du découragement
et que nous ne pouvons rien déposer dans tes mains,
cherche malgré tout avec nous,
car notre amour deviendra du pain.

Si dans ta soif fane peu à peu la fleur de ta confiance
et que nous ne pouvons encore t'abreuver,
marche malgré tout avec nous,
car nos pas te guideront vers un puits.

Si dans ta peine, tes larmes brouillent ton regard vers la lumière
et que nous ne pouvons te consoler,
avance malgré tout avec nous,
car notre espérance te guidera.

Si de multiples obstacles obstruent le chemin de ta vie,
n'abandonne jamais ta destinée,
car, au-delà des apparences, avec ta foi,
tu n'es jamais seul.
Nous t'accompagnons, car nous sentons,
malgré tout, nous aussi sa présence.

Votre présence

Qu'il est difficile d'attendre dans la souffrance
quand l'inconnu, sans avertissement, vole mon espérance!
Ma combativité pourra-t-elle vaincre la détermination
de ma tumeur?
Ma volonté ne compte plus les jours, seulement les heures.

Je ne connais pas le dénouement de mon épreuve,
mais je sais que je peux persévérer sans preuve.
Car le plus important combat de ma vie aura du sens
aussi longtemps que je compterai sur votre présence.

Ta présence a illuminé mon espérance

Je suis venu te voir avec la mission de te consoler
sans me douter que tes larmes allaient me parler.
Elles m'ont révélé la cachette de mes peurs
mais aussi la lumière du courage de mon cœur.
Je me suis arrêté pour te donner un peu de temps
sans me douter qu'en moi je pleurais autant.
Ta tristesse a libéré ma trop vieille blessure
Et la tendresse aujourd'hui remplace l'armure.

En accueillant sans jugement tes émotions,
j'ai apprivoisé les miennes pour ma propre guérison.
Tu croyais être un lourd fardeau en me confiant ta douleur,
mais à tes côtés, ma vie a retrouvé ses ailes et ses couleurs.
Notre relation est plus solide et par ta confiance,
je reprends contact avec les vibrations de mon espérance.

Renaître

Je meurs quand je refuse que les autres soient différents de moi
parce que j'ai peur d'apprivoiser ce que je rejette en moi.
Mais je renais dès que j'accepte de m'aimer sans condition.
Je meurs quand j'abandonne après une chute parce que je doute
de mes talents.

Mais je renais dès que je me relève avec la confiance
d'être maintenant plus fort.
Je meurs quand j'écrase l'autre parce que j'éprouve le terrifiant
besoin de l'éliminer pour exister.
Mais je renais dès qu'il me suffit de donner le meilleur de moi
pour me sentir fier.
Je meurs quand je me décourage parce que je ne vois pas encore
la victoire.
Mais je renais dès que mon espérance regarde plus loin
que mes échecs.
Je meurs quand je limite ma souffrance à une malédiction.
Mais je renais dès que je lui donne un sens
pour découvrir sa mission.
Je meurs chaque fois que je renonce
à pousser la porte de l'inconnu.
Mais je renais autant de fois que j'accueille la vie
quand elle jaillit des plus grandes profondeurs.

꙰

L'échec est toujours riche d'enseignement,
mais il n'est pas forcément aisé
d'en tirer la leçon.

꙰

Celui que le malheur a frappé
a moins besoin de fastueuses promesses
que d'un peu de présence.

꙰

Encore faut-il s'aventurer dans la nuit
pour découvrir son étoile.

L'ultime danger qui menace
les grandes victoires est l'abandon;
il est généralement précédé par la déception.

Le soleil de la victoire
dissipe tous les nuages de l'adversité.

Le combat est toujours
en soi plus important
que la victoire ou la défaite.

La route de l'effort
ne trompe jamais les marcheurs.
Ceux qui en doutent ne vont pas assez loin.

Aucun événement ne t'appauvrit.
À chaque jour tu deviens plus riche
avec tes expériences même quand
tu crois subir une perte importante.

La tempête peut bien détruire une maison,
mais elle ne peut empêcher
quiconque de la reconstruire.

✳

ℒes difficultés nous confrontent à nos limites
et nous invitent à les surmonter.

✳

ℒ'espérance est un risque;
la résignation, l'assurance d'une défaite.

✳

ℐl y a toujours une source de lumière dans la vie;
même la nuit a ses étoiles.

✳

ℒes fruits de l'espérance mûrissent
au soleil de la persévérance.

✳

ℒa souffrance elle-même ne peut être que passagère,
car tout ici-bas n'est que transitoire.

✳

𝒰ne attitude positive n'ignore pas les difficultés,
mais consacre toutes ses énergies à les vaincre.

✳

ℒ'échec n'est souvent
qu'un temps d'arrêt en vue d'un nouveau départ.

❧

Ce n'est pas la hauteur du sommet
qu'il faut mesurer,
mais la volonté de le gravir.

❧

Refuser l'aide qui nous est offerte en cas de besoin,
c'est préférer son amour-propre à soi-même.

❧

De sombres nuages peuvent
nous cacher momentanément le soleil,
mais nous n'en devons pas moins
être convaincus de son existence.

*Le bonheur, c'est contempler du sommet d'une montagne
un panorama fantastique et apprécier la liberté d'un oiseau.*

Chapitre 7

POUR DES SOIRÉES
EN QUÊTE DE LUMIÈRE

*La générosité de la vie augmente
avec notre capacité d'émerveillement.
La profondeur de notre regard
déterminera ce que nous recevrons.*

La quête du bonheur

Qu'est-ce que le bonheur? De nombreuses personnes prétendent vouloir consacrer beaucoup d'efforts afin de l'obtenir. Elles vont chercher très loin ce courant qui coule pourtant sans bruit dans leurs veines. Pourquoi chercher à l'extérieur ce que nous négligeons de ressentir de l'intérieur? Le bonheur circule dans le sang de notre corps et dans l'air qui berce nos poumons. Réalisons-nous parfois le simple bonheur de respirer? Il suffit de manquer d'oxygène pour découvrir le prix du bien-être que nous donne gratuitement le mouvement routinier de nos poumons.

Le bonheur s'ajoute gratuitement à la vie de celui qui ne le cherche pas, mais qui est quand même disposé à l'accueillir sans condition dans tout son être. Il s'enracine en nous telle une vocation innée. Il germe dès que nous découvrons notre raison de vivre, le sens de notre vie et la nature de notre mission.

Mon ami le Petit Sage a plusieurs fois attiré mon attention vers de belles images du bonheur pourtant assombries par le voile de mes critères d'évaluation superficiels. À ses côtés, j'ai remarqué la proximité de la joie de vivre que je cherchais trop loin. Après m'avoir vu tourner en rond pendant très longtemps, mon ami m'arrêta pour vérifier si je n'avais pas perdu mon chemin. Je m'interrogeais alors sur mes habitudes de vie, sur la part de liberté que je cédais aux exigences de ma carrière et sur cette vague sensation d'être étouffé par une série d'obligations dans lesquelles se confondaient l'essentiel et l'accessoire. Pour m'éclairer dans mes remises en question, le Petit Sage me demanda comment je voulais me réaliser. Puis, il ajouta bien simplement: «Sois cohérent avec ta réponse et suis avec passion la direction qu'elle t'indique.»

Je compris mieux la signification de la courte recommandation de mon ami lorsqu'il m'invita, un soir, à observer avec lui une pluie d'étoiles filantes qui revient une fois par année, à la même période. Après le magnifique spectacle coloré du soleil glissant derrière l'horizon, j'attendais avec impatience celui des étoiles. Pendant que l'obscurité augmentait progressivement, le Petit Sage me dit: «Tu vois, même la nuit n'est pas dépourvue de merveilles, et certaines sont perceptibles uniquement lorsque le soleil nous prive de sa lumière.»

L'attente ne fut pas très longue et comme prévu, la générosité du ciel combla nos yeux attirés dans toutes les directions. À la fin de la soirée, le Petit Sage me raconta l'histoire des Rois mages de l'Évangile, puis il transposa le sens de ce récit de la manière suivante pour répondre à ma quête de lumière: «Là-haut brille une étoile pour toi. Observe attentivement: elle va devant toi. Dirige fidèlement tes pas vers elle, peu importe les obstacles qui tenteront de t'éloigner de sa direction. Je ne connais pas sa destination finale, mais je sais que tu y découvriras ce que tu cherches.»

Après, le Petit Sage compléta sa réflexion en me récitant une autre histoire de l'Évangile: la fuite de Joseph et de Marie pour échapper aux menaces d'Hérode. Puis, il adapta de nouveau le message du récit à ma réalité: «Aucune contrainte ne parviendra à interrompre ta marche vers ce que tu crois et ce que tu veux sans ton consentement. Des obstacles et des épreuves t'imposeront peut-être de longs détours sans pour autant détruire ton but. Même avec son immense pouvoir, Hérode n'a pas réussi à empêcher Joseph et Marie de réaliser leur mission. Les événements peuvent tenter de t'abattre, mais ils ne parviendront jamais à te détourner de ton but si tu ne leur cèdes pas sur le fond.»

Depuis cette soirée d'observation, le bonheur m'apparaît comme une quête permanente de sens, une recherche de vérité, une fidélité à suivre l'étoile de ma foi. Pour avancer sans dévier de mon but, je réconcilie ma spiritualité avec toutes les autres dimensions de mon être. Cette cohérence est importante pour mon épanouissement. Elle me permet de ne pas dériver de mes valeurs profondes.

Nous avons été créés pour connaître une vie de plénitude et pour réaliser le plan d'amour déposé en nous dès nos origines.

Malheureusement, il nous arrive souvent de mettre en doute ce merveilleux destin. Nous laissons de fausses peurs brouiller la quiétude de notre esprit. Plutôt que de vivre dans la joie de recevoir en toute confiance ce que la vie a de mieux à nous offrir, nous devenons sceptiques dès que des événements contrarient l'accomplissement de nos souhaits.

Le véritable bonheur est gratuit. Il ne s'impose toutefois pas à nous. Pour pénétrer notre esprit, il attend une invitation et une disponibilité de notre part. Il puise sa puissance dans notre capacité de le ressentir sans qu'il réponde à une série de conditions et de critères superflus. Nous laissons trop souvent des conditions extérieures, des gens et des circonstances imprévues fermer injustement la porte au bonheur. Dans *Le livre de la vie* du Petit Sage, il est écrit: «Le bonheur, c'est le pouvoir miraculeux de transfigurer l'insignifiant et d'être par la suite comblé par ce qui nous semblait vide et sans intérêt. C'est accueillir la joie de sentir les grandes émotions des "petites choses" de la vie. Impossible de sentir le bonheur sans apprécier les simples joies du monde, sans cette faculté de nous émerveiller devant le mystère et le miracle de l'immense beauté de la création.»

Même avec un passé rempli de souffrance, le Petit Sage est parvenu à tirer de chacune de ses expériences une occasion de croissance. Son nom lui vient de sa foi inébranlable en la générosité de la vie. Il arpente la terre avec la certitude que son créateur prend soin de son œuvre. Jamais il ne se laisse entraîner dans l'inquiétude lorsqu'il ne trouve pas immédiatement une issue à une impasse. Il a choisi de grandir et cela exige un mûrissement. Mon ami sait que la réaction à une tragédie est parfois plus destructrice que la tragédie elle-même. Quand il arrive face à un mur, il s'arrête, sans pour autant renoncer à son objectif. Cette pause lui permet de réfléchir et de chercher ce qu'il possède pour dépasser le mur. La solution ne réside pas nécessairement dans sa destruction. Dans certaines circonstances, cette destruction est irréaliste et même dangereuse. Est-ce que Joseph et Marie auraient davantage protégé Jésus en tuant Hérode? Imaginons la réaction de l'armée par la suite. À quoi sert d'abattre la barrière si elle s'écroule sur nous?

Je me suis rapidement lié d'amitié avec le Petit Sage parce que son intégrité me donnait le goût de le suivre. Jusqu'à la fin de sa vie, il a trébuché, douté et craint les bouleversements. Il est resté aussi profondément troublé par la souffrance, les injustices et le gaspillage des ressources qu'il observait dans le monde. Cependant, il est toujours demeuré fidèle à son but. Quand il sentait qu'il déviait de sa route, il priait pour ouvrir son esprit et laisser pénétrer la lumière. Sa foi ne lui a pas épargné les chutes, mais elle lui a apporté le courage de se relever pour continuer sa marche.

Mon ami n'a jamais démissionné, car il savait pertinemment que le bonheur lui échapperait s'il ne poursuivait plus sa quête. Non pas tant que le bien-être qu'il cherchait se trouvât au terme du cheminement, comme s'il s'agissait d'une récompense décernée à la fin d'un concours, mais parce qu'il retirait déjà dans le franchissement de chacune des étapes du trajet la satisfaction de s'accomplir.

Le témoignage du Petit Sage éclaire encore ma route, surtout lors des longues soirées où je me sens las d'avancer dans le noir. Il m'arrive de vouloir tout abandonner. Je n'aime pas les mauvaises conditions de la route, et le voyage n'est pas aussi agréable que je le pensais. J'ouvre alors *Le livre de la vie* de mon ami. Je redécouvre ses paroles éclairantes. Je me souviens de sa façon de définir bien simplement le bonheur et de me faire sentir sa proximité, même s'il demeure une conquête constante:

> Le bonheur, c'est croquer toute la saveur des premiers cadeaux de notre potager, sentir le miracle du soleil à travers leur odeur.
>
> Le bonheur, c'est profiter d'une tiède nuit d'été pour abandonner nos oreilles aux crépitements d'un feu de camp et nos yeux à l'écran noir du cosmos percé par des milliers d'étoiles, puis imaginer notre corps, couché sur l'herbe tendre, flotter librement...
>
> Le bonheur, c'est une promenade en forêt par une belle journée d'automne où notre esprit se laisse enivrer par les essences des feuilles mûres et l'humus qui prépare son dernier repos.

Le bonheur, c'est se coucher sur un lit de neige et écouter l'hymne du vent.

Le bonheur, c'est voir triompher le soleil après un orage, après une tempête, après l'hiver.

Le bonheur, c'est contempler du sommet d'une montagne un panorama fantastique et apprécier la liberté d'un oiseau...

J'ai retenu aussi d'autres réflexions du Petit Sage qui m'aident à poursuivre ma route au-delà des futilités et des échecs qui m'ont égaré dans le passé. J'aime les lire lentement parce que je découvre à chaque fois une révélation nouvelle, surtout lors de mes soirées cafardeuses...

La danse du bonheur

Il était une fois une jeune reine, riche, belle et puissante. Elle possédait de vastes territoires et beaucoup de personnes l'entouraient pour la servir. Mais il lui manquait l'essentiel: le bonheur et l'amour. Rongée par l'ennui, elle convia tous les soirs à la cour de son magnifique château des magiciens, des bouffons, des musiciens, des poètes, des chanteurs, des jongleurs et toutes sortes d'artistes pour la divertir.

Hélas, après une année de spectacles quotidiens, aucune lueur de joie ne venait repousser la noirceur de son cœur.

Un de ses valets, inquiet de son chagrin, vint lui présenter un danseur pour le spectacle de la soirée. Le valet dit à la reine: «À l'aide de ce brillant jeune danseur, vous obtiendrez enfin ce que vous cherchiez depuis si longtemps.»

La reine soupira: «Il paraît très bien, mais je ne vois pas ce qu'il peut m'apporter de plus. Depuis des mois, soir après soir, des dizaines d'artistes très talentueux défilent devant moi. J'ai cherché et je n'ai encore trouvé aucun rayon de joie.»

Avec une grande détermination, le valet finit par convaincre la reine de permettre au danseur de l'émerveiller. Dès la première note jouée par les musiciens, il bougea tout son corps avec la grâce d'une colombe en quête d'un nouveau sommet. Pendant la danse du vent, la reine sentit un souffle mystérieux et réconfortant. Pendant la danse du soleil, une douce chaleur réchauffa son cœur. Puis pendant la danse de la terre, de splendides images de jardins colorèrent ses pensées.

À l'étonnement de la cour, la reine quitta alors son trône et se dirigea vers le danseur. Au moment où il s'inclina devant elle, la reine se baissa aussi en lui prenant les mains. Avec ses yeux ébahis, elle lui demanda: «Comment parvenez-vous à me communiquer votre joie par la seule force de vos mouvements alors que tous les autres artistes m'ont laissée indifférente? Pourquoi le rythme de mon cœur a-t-il suivi la cadence de vos pas? Confiez-moi, je vous prie, votre précieux secret.»

Un peu gêné, le danseur lui répondit: «Votre majesté, je n'ai point de secret à vous confier, je n'ai que mon bonheur à partager avec vous. Je sais que le bonheur du jongleur vole d'une main à l'autre, que celui du poète coule avec l'encre de son cœur, que celui du pianiste résonne au bout de ses doigts, que celui du bouffon colore son visage. Cependant, le mien passe dans mon sang et nourrit tous les membres de mon corps. Je ne danse pas seulement avec mon talent, mais avec ce que je suis. Et c'est cela qui a réussi à vous séduire.»

Après cette mémorable soirée, la joie commença à grandir dans le cœur de la reine. Quelques mois plus tard, pendant qu'elle dansait à son tour, la reine rendit hommage au jeune danseur devant tous les hôtes du palais. Alors, l'amour transforma pour toujours son royaume. Et la reine n'oublia jamais que le plus beau palais ne vaut rien sans la capacité de ressentir le bonheur dans tout son être.

La vraie pauvreté

La vie m'a donné des mains agiles,
mais je ne sais pas quelle œuvre construire.
La vie m'a donné des jambes fortes,
mais je ne sais pas quelle montagne escalader.
La vie m'a donné des yeux d'une grande précision,
mais je ne sais pas où diriger mon regard.
La vie m'a donné d'infinies capacités d'amour,
mais je ne sais pas qui aimer.
La vie m'a donné la liberté,
mais à quoi bon si je n'en comprends pas le sens.
Être pauvre, ce n'est pas avoir peu de choses,
c'est plutôt ne pas savoir utiliser
ce que la vie nous donne.

Prière d'un rebelle

Tu n'existes pas, je le sais.
Je ne veux même pas parler de toi.
Tu n'es qu'une dangereuse invention.
On a tellement tué et humilié en ton nom.
Tu n'es pas plus réel que la statue d'un roi.
On m'a enseigné à coups de punitions
tout «l'amour» qui a inspiré tes lois.
Et tu voudrais aujourd'hui que je croie à ton pardon!
Si tu existais, tu m'apporterais la foi
et non la dictature d'une religion.

Il paraît que tu es venu pour les pauvres sans toit.
Pourtant, en face des portes fermées de ton Église,
je tremble terriblement et mon cœur saigne de froid.
Même sur le trottoir, ma présence scandalise.
Je ne suis peut-être pas digne de toi ni de ta chaleur.
Alors, pourquoi prétendre que tu accueilles d'abord le pécheur?

Si tu existais, tu accepterais mes faiblesses
et tu viendrais rassasier ma faim de tendresse.
Ils sont nombreux à me parler de ton amour,
mais quand je leur tends la main, ils font un détour.
Ont-ils peur de m'aimer pour facilement te renier?
Je ne leur demande pas l'abondance de leur grenier.
J'ai simplement besoin d'un peu d'espérance.
Toute ma vie, j'ai détesté ton silence.
Et voilà que ce soir, je me surprends à te prier
comme si je ne savais plus…
Je ne savais plus te résister.

La faculté d'éprouver nous rend plus riches
que celle de posséder;
que nous servirait de tout gagner,
si nous ne pouvons plus rien ressentir?

À quoi bon prédire l'avenir,
si nous ne pouvons le créer?

Parfois nous croyons que Dieu
n'a pas entendu notre prière,
mais le plus souvent,
c'est que nous n'acceptons pas sa réponse.

Je suis sorti à la rencontre de Dieu;
il m'attendait chez moi.

On a créé la pilule pour enrayer la déprime,
mais on n'inventera jamais
celle qui pourrait éveiller l'âme
et éclairer son potentiel d'amour.

Dieu nous a donné
le papier, la plume et l'encre,
mais il n'écrira pas à notre place.

Ceux qui tournent leur regard
vers ce qu'ils n'ont pas
ne savent pas ce qu'ils perdent.

Celui qui reste fidèle
continue de voir le jardin sous la neige,
même si le froid gèle ses larmes.

Le sens de la vie
est autant à découvrir qu'à inventer.

Le Christ n'a jamais guéri des pharisiens;
ceux-ci ne voyaient pas leur maladie.

※

Ouvre les yeux et tu verras mille problèmes.
Ouvre la porte de tes forces et tu verras mille solutions.

※

La vraie liberté n'est pas
dans l'absence de contrainte,
mais plutôt dans le choix d'une perspective.

※

L'incertitude est d'autant plus grande
que nous demeurons tributaires d'anciennes opinions.

※

Même si un rêve
n'est pas assuré de sa réalisation,
il n'en est pas moins capable
de faire vivre l'aujourd'hui.

※

Le juste secourra la victime
d'une courbe dangereuse,
mais le témoin de justice
fera redresser le chemin.

※

Dessaisis-toi de ce que tu retiens
si tu veux cueillir à pleines mains
ce que la vie t'offre à nouveau.

Les plus beaux cadeaux de la vie
ne nous sont pas toujours livrés gratuitement.

La foi se moque de l'impossible;
elle n'ignore pas tant les obstacles
qu'elle s'attache fortement au but à atteindre.

Ne confondons pas la magie avec la religion;
ni la crédulité avec la foi.

Nos plus beaux souvenirs
sont composés d'instants présents.

La beauté ne peut resplendir
sans l'assentiment de notre regard.

La délicatesse de Dieu émane
jusque dans la beauté de sa création.

Honneur aux marginaux, sans qui
nous n'aurions jamais exploré de nouveaux chemins.

$\mathscr{L}$'enthousiasme est cette antenne
avec laquelle nous captons
toutes les ondes positives d'énergie.
À nous de bien ajuster l'angle de réception.

$\mathscr{L}$es obstacles et les échecs ralentissent,
mais jamais ils n'arrêtent
la persévérance et la détermination.

$\mathscr{M}$ieux vaut croire à l'avenir
qu'à toutes ses prédictions.

$\mathscr{O}$n profite moins d'un bonheur inattendu
que de celui qu'on construit.

$\mathscr{L}$a joie est une flamme
qui se transmet d'abord par le regard.

$\mathscr{L}$'impatience choisit la solution la première;
la patience, la meilleure.

Le bénéfice premier du rêve
est de nous faire accéder
à un nouvel espace de liberté.

Le courageux affronte les risques;
l'imprudent les provoque.

Le réalisme protège le rêve
de son plus hypocrite ennemi: l'illusion.

Nous ajoutons un deuxième soleil
à notre journée quand nous conservons
notre bonne humeur.

La victoire n'est impossible
que lorsque nous refusons
de livrer le combat.

Nous restons jeunes
tant que nous sommes certains
que nos meilleurs souvenirs
ne sont pas derrière nous.

Notre peur ne trahit pas seulement notre vulnérabilité:
elle la crée.

La facilité n'a pas
pour principale caractéristique
de susciter la motivation.

Un des grands attraits de la vie
réside dans le fait que le bonheur
demeure toujours une conquête inachevée.

Prière d'humilité

Mon Dieu d'amour,

Développe chez moi la générosité de me donner, avec mes forces et mes limites, à ma famille, à mes amis et aux plus petits...

sans la volonté de tout contrôler.

Développe chez moi le sens de l'engagement pour lutter dans la solidarité contre les injustices, l'oppression et la violence...

sans la prétention de me prendre pour toi.

Développe chez moi l'écoute des cris de souffrance des blessés de la vie pour les accueillir...

sans l'ambition de tous les soigner.

Développe chez moi le regard vers les plus pauvres pour leur donner une place...

sans tous les inviter dans ma maison.

Développe chez moi le toucher de tendresse, dépouillé de jugements, pour guider les prisonniers de l'alcool et de la drogue...

sans leur enlever la dignité de prendre leurs propres décisions.

Finalement, développe chez moi la détermination de faire de mon mieux...

sans m'attacher aux résultats immédiats pour être heureux.

C'est au moment où elle meurt que la fleur,
par le mûrissement de ses milliers de graines, perpétue sa vie.

Chapitre 8
À L'APPROCHE DE LA DERNIÈRE NUIT

Si le temps d'une vie n'a pas suffi
pour nous apprendre à vivre,
comment pourrions-nous seulement croire
que nous savons mourir?

«Plus fort que la mort...»

Se préparer à dire au revoir à un proche qui fermera pour la dernière fois ses paupières, accompagner une personne vers son ultime voyage, accepter nous-mêmes la mort qui sonne, c'est reconnaître toute l'intensité de la vie en un bref instant d'éternité.

Or, nous nous heurtons constamment au côté imprévisible de la mort. Nous ignorons à quel moment elle risque d'éteindre le feu de nos projets et de nos rêves. Nous préférons l'oublier lorsqu'elle évite de s'arrêter au seuil de notre maison. Comme l'inconnu dérange souvent notre confort, nous tentons par tous les moyens de l'éviter, au risque de manquer un rendez-vous important pour notre croissance. Nous savons que la vie se compose de renoncement et d'apprivoisement. Or, la mort, de par son mystère permanent, ne se laisse pas facilement apprivoiser.

J'ai pris conscience de l'importance de réfléchir sur le thème de la mort lorsque j'ai accompagné mon ami le Petit Sage dans sa marche vers l'au-delà. J'aurais aimé me préparer avant, mais, lorsque la mort ne nous atteint pas directement, nous n'avons pas envie de nous arrêter pour l'apprivoiser. Aujourd'hui, je comprends que ce n'est pas en refoulant l'inévitable fin que nous parvenons à éliminer l'angoisse qu'elle engendre.

Vivre, c'est renoncer au déjà-là pour laisser pousser ce qui vient; c'est reconnaître que tout change. C'est accepter ce qui n'est pas encore là, malgré le vertige de tomber dans l'inconnu. C'est finalement comprendre progressivement les enseignements de la nature quand nous la voyons se développer par de multiples petites morts. Tout se transforme autour de nous et pourtant la vie demeure là, empruntant des visages différents.

La disparition du corps met en lumière cette conscience de nous-mêmes dans ce qu'il y a d'essentiel: l'esprit. Quand nous quittons ce monde, nous laissons quelque chose qui continue de vivre. Après le départ de mon ami le Petit Sage, je ne me suis pas en vérité retrouvé devant un trou vide. Pendant un certain temps, j'ai regretté son ancienne présence et je me suis senti terriblement seul. Ma détresse m'a d'abord bouleversé, mais peu à peu, j'ai entendu ses plus belles paroles résonner en moi. Les yeux de mon cœur s'émerveillèrent devant tant d'heureux souvenirs. J'ai reconnu alors la profondeur de l'héritage que mon ami m'avait laissé et j'ai réalisé pourquoi son esprit m'a transformé pour toujours.

Je me souviens de sa surprenante sérénité quelques jours avant l'issue de sa maladie. Dans sa foi, il puisait encore assez de force pour me dire les mots qu'il fallait pour me préparer à son départ. D'un ton reposé, il me confia lentement le secret de sa paix: «À la fin de l'automne, les squelettes des herbes sèches reflètent les couleurs moroses de la mort. La sève verte s'est retirée de leur corps, sans pourtant apporter dans sa fuite l'essentiel. C'est au moment où elle meurt que ces herbes, par le mûrissement de leurs milliers de graines, donnent toute leur vie.»

En réalité, qu'est-ce qui meurt vraiment? Cette soif d'éternité sise en nous ne confirme-t-elle pas qu'il y a quelque chose d'essentiellement plus fort que la mort? Heureux ceux qui oseront faire face à l'inévitable changement; ils accueilleront dans la sérénité une nouvelle naissance qui leur permettra de grandir.

La mort arrête la vie telle que nous la connaissons, mais elle ne l'élimine pas. Le processus de la vie passe par une série de transformations dont chaque passage ressemble à l'expérience de la mort. Nous voulons grandir et pourtant nous résistons souvent au changement. Ce serait tellement plus facile s'il existait des garanties ou des possibilités d'aller visiter cet «après» avec le privilège de revenir en arrière. Mais la réalité montre que l'eau se dirige toujours vers la mer, d'une manière sinueuse, sans toutefois remonter le courant.

Est-il nécessaire de connaître l'au-delà pour lui faire confiance? Une relation entre deux personnes naît d'une confiance mutuelle et non d'une connaissance préalable de l'autre. Ainsi en est-il dans notre relation avec la mort. Même sans ressources, sans réponses, sans arme et dénudés jusqu'à ne plus sentir aucun pouvoir, il nous reste au moins l'espérance que nous sommes attendus.

En vivant pleinement mon deuil, après le départ du Petit Sage, je me sens mieux préparé pour affronter tous les autres changements qui bouleverseront mon existence. Je reconnais la durée incertaine de la vie, alors je m'engage plus intensément dans mes relations et mes expériences. En pensant à mon ami, je sais que ma mort ne me conduira pas à un vide si ma vie a été pleine. Alors, je la remplis, sans attendre, de petits moments tendres avec mes proches, d'émerveillement devant chaque sourire de mes enfants, de petits gestes d'engagement en faveur de la justice, de recueillement pour mieux me donner, de dévouement pour soulager l'opprimé et de tout ce qui nourrit ma soif de sens.

Je ne peux soulever le voile de l'inconnu qui cache le mystère de ma mort, mais j'ai la liberté de remplir d'amour mon passage parmi les humains. Même si j'ignore ce que me réserve l'au-delà, mon espérance et mon envie d'aimer me donnent une certaine idée de ce que je ne vois pas encore. La fin de mes jours ici-bas provoquera certainement une rupture dans mes relations avec mes proches sans pour autant détruire la profondeur de mes liens. Le corps à corps désormais impossible n'effacera pas l'amour donné et reçu comme il n'empêchera pas de faire grandir l'amour qui va se poursuivre.

La mort conserve un aspect dramatique parce qu'elle marque une brisure dans nos liens tissés au quotidien. Lorsque le peintre trace le dernier coup de pinceau sur sa toile, il signe la fin de sa création, mais non la fin de son œuvre. Au contraire, on pourra désormais l'apprécier à sa juste valeur. Son achèvement donne naissance à une longue contemplation.

Quand le Petit Sage écrivit le dernier mot de son recueil, *Le livre de la vie,* il ignorait la destinée de ses réflexions. Sa foi l'avait convaincu qu'il valait la peine de consacrer du temps à rassembler sur papier les fruits de son inspiration. Mais est-ce qu'il savait d'avance le nombre de personnes que son œuvre nourrirait? Sur quelles preuves s'appuyait-il pour croire à l'utilité de son travail? Connaissait-il toute l'espérance que ses mots susciteraient? Il ne pouvait probablement pas se douter qu'il m'aiderait à grandir à ce point, même après sa mort. Dans les prochaines années, combien d'autres personnes approfondiront le sens de leur vie avec ses paroles de sagesse? En terminant son recueil, le Petit Sage donna naissance à quelque chose de grand. Je ne le vois plus écrire, mais avec la complicité de toutes les personnes qui propagent ses mots, il poursuit sa mission.

D'ailleurs, le Petit Sage prit soin de conclure son livre en nous communiquant sa grande confiance devant la mort. Tant que ses forces lui permirent de tenir un crayon, mon ami ajouta un peu d'encre à son œuvre. Le fait qu'il écrivit ses dernières réflexions en se préparant à partir pour l'au-delà ajoute un sens supplémentaire à celles-ci. Je ne me lasse jamais de les relire, comme si je découvrais chaque fois un peu plus profondément sa présence...

Le fleuve s'arrête à la mer, mais son eau ne meurt pas

Une goutte d'eau descendit du ciel par un orage de fin de journée. Elle tomba au centre d'un petit rond d'eau, formé par des millions de gouttes qui l'avaient précédée. Elle se souciait alors peu de sa destinée. Le confort douillet de son petit cercle comblait ses besoins et cela suffisait. Après une heure de pluie généreuse, l'espace vint à manquer et la petite goutte quitta son nid pour s'engager dans le courant d'une source.

Alors, sa vie commença à s'animer. Elle affronta ses premiers obstacles, mais elle apprit rapidement à contourner les rochers. Elle vainquit une à une ses peurs, poussée par le désir de découvrir le monde. La source avait hâte de devenir grande pour tracer de magnifiques vallées.

Au bas de la montagne, la source se transforma enfin en ruisseau. Celui-ci avait l'impression de sillonner toutes les merveilles de la planète. Les herbes valsaient avec le vent et le parfum des fleurs embaumait l'air en mouvement. Émerveillé par tant de beauté, le ruisseau profita des longs détours pour participer au bal de la nature. Il ignorait encore l'aventure que lui réservait sa destinée.

À la fin d'une journée, pendant que le soleil colorait le ciel en se noyant sous les nuages, le ruisseau sentit son corps trembler. Des rides apparurent sur sa peau et une force invisible aspira tout son être. La peur noya sa faculté de comprendre ce changement trop brusque. Pourquoi une telle accélération alors qu'il aurait plutôt aimé s'immobiliser pour admirer à jamais le spectacle des vallées?

Soudain, une explosion précipita le ruisseau dans le vide et sa chute le transforma en rivière. Et le cours d'eau eut cette fois la sensation de tomber au fond de tous les gouffres de la planète. Cette expérience lui révéla une grande vérité: sa destinée le conduirait peut-être vers d'autres chutes, mais jamais il ne tomberait dans le vide.

Devenu rivière, le cours d'eau sut qu'il était appelé à un mystère qui dépassait son imagination. Il conserva un doux souvenir des magnifiques vallées, mais il ne retournerait jamais en arrière. Son courant le poussa irrésistiblement vers l'avant, même si parfois le mouvement n'était pas perceptible. L'expérience de la chute l'éveilla à un nouveau décor extraordinaire, à une nouvelle existence conforme à sa croissance.

Après avoir traversé de vastes et belles prairies, la rivière croyait vraiment être libre. «Je ne m'accroche à aucune terre. Je sais que je ne fais que passer», se disait-elle, peut-être pour se convaincre que tout son voyage se composait de renoncement pour grandir. Elle avait déjà quitté son état de source et de ruisseau pour devenir rivière. Les grondements suivants lui annoncèrent un autre passage troublant. De petites montagnes vertes, enveloppées de conifères, préparèrent son arrivée. Elle avait sculpté avec les années une multitude de rochers et de pierres. Encore une fois, elle dut renoncer au spectacle de sa cascade et lâcher tout ce qu'elle connaissait pour apprivoiser l'inconnu. Puis, la rivière devint fleuve.

Avec cette dernière transformation, le cours d'eau géant réalisa tout le chemin parcouru pour en arriver là. Il baigna, d'une assurance solide et d'une fierté méritée, un nouveau paysage. Il s'étonnait toujours devant l'immense diversité du pouvoir créateur de la nature. Il s'inquiétait un peu de sa prochaine destination. Le fleuve se demanda ce qui pouvait bien exister de plus magnifique. Il ne parvint pas à imaginer la réponse. Il pensa alors à Dieu pour rendre grâce aux forces de la vie. Combien de petites gouttes, comme il était à l'origine, avaient été nécessaires pour creuser ses falaises gigantesques qui guidaient aujourd'hui sa destinée?

Le fleuve vécut dans la sérénité son voyage à travers les paysages les plus divers jusqu'au jour où il s'approcha d'un trou infini. Là, l'inconnu éprouva durement sa confiance. «Qu'est-ce que c'est?» s'interrogea-t-il dans un grand soupir.

«L'océan», répondit le ciel. «C'est ici que tu te dépouilles de ton eau pour que je l'absorbe.»

Ces paroles, en apparence terrifiantes, firent frissonner le fleuve. Inquiet, il résista cette fois à ce passage inévitable. «Je ne veux pas t'abandonner toute mon eau. Que vais-je devenir? Je refuse de disparaître.»

«N'oublie pas les leçons de tes expériences précédentes, murmura le ciel, la source a absorbé la goutte d'eau que tu étais. Plus tard, la source a disparu dans le ruisseau qui, à son tour, s'est abandonné à la rivière. Finalement, celle-ci a renoncé à son état pour être accueillie par toi. À mon tour maintenant de te souhaiter la bienvenue.»

Peu rassuré malgré ce mémorandum plein de vérité, le fleuve répliqua:

«Cette fois, c'est différent; l'eau que je suis va disparaître.

— Ne te laisse pas tromper par les illusions de tes peurs. La vie a toujours pris bien soin de toi en te préparant d'un renoncement à l'autre à ce plus grand voyage. Tu t'arrêtes à la mer, mais ton eau ne meurt pas.

— Alors, que vais-je devenir maintenant?»

Avec une voix réconfortante, le ciel lui répondit:

«Je vais d'abord t'envoyer un vent chaud qui emportera ton eau au-dessus de l'océan avec une telle délicatesse qu'il sera impossible de le voir. Ensuite, les minuscules gouttelettes d'eau absorbées érigeront les nuages des anges. Et par ce dernier renoncement, tu auras donc désormais accès non seulement à quelques magnifiques paysages de montagnes, de vallées ou de prairies, mais à toute la splendeur de l'univers.

— Quelle preuve peux-tu me donner pour me convaincre que c'est vrai?

— Tu t'attaches à ton enveloppe. Pourtant, si elle t'a permis de te déplacer, ce n'est pas elle qui a nourri la terre et toutes les espèces vivantes. Ta partie essentielle ne meurt pas puisque je vais l'emporter là-haut. Tu doutes parce que tu n'as pas encore reconnu en toi ce que la mort ne peut pas détruire.»

Après avoir réfléchi à ces paroles, le fleuve se souvint de ses origines. Il s'abandonna tout doucement à la mer pour attendre les bras accueillants du vent chaud. Ce passage le troubla, mais il savait que c'était la seule chose à faire et qu'il valait mieux lâcher prise.

❧

La mort nous sépare de nos biens,
mais ce que nous avons été
restera uni à ceux que nous avons aimés.

❧

Nous n'avons qu'une petite idée des mystères de l'univers
et une encore plus minime des mystères de notre âme.

❧

Je ne renoncerai jamais à l'amour

Le mûrissement de ma maladie sur l'arbre de ma destinée
annonce déjà la fin de la saison de mon espérance.
L'inconnu, si près, n'effraie pas ma foi obstinée.
Au contraire, l'éternité de mon être est devenue une évidence.
Avec sérénité, je m'abandonne aux incontournables
détachements.
Je renonce à ma maison et à tous mes biens sans souffrance.
Je dis adieu à mes plaisirs fragiles tout doucement.
Je me sépare de mes rêves non réalisés et de mes connaissances.
En vérité, je ne résiste qu'à un seul renoncement.
Je laisse tout partir, mais je ne renoncerai jamais à l'amour.
Depuis longtemps, je ne compte plus tout ce que j'ai semé.
Mes récoltes n'ont plus d'importance pour mon prochain séjour.
Mais là-bas, je voudrais encore pouvoir vous aimer.

❧

Lorsqu'un oiseau s'échappe de ton regard
dans son envolée vers le ciel,
il ne meurt pas pour autant.
Il vit simplement ailleurs, hors de ta vue.
Conserve cette même certitude pour moi, car je suis
vivant,
là où tu fermes tes paupières pour mieux me voir.
J'ai quitté tes yeux, mais non la vie.

❧

Le rideau de ma destinée se lève
et c'est en regardant cet écran,
pour le moment noir,
que je réalise à quel point je suis allé très loin
chercher les forces de la vie
que j'étouffais en moi.

$\mathcal{P}$eut-être est-il nécessaire
d'être confronté au noir
pour reconnaître à sa juste valeur
sa lumière intérieure?

❦

$\mathcal{S}$'il m'était offert de libérer mon âme,
je ne quitterais pas ce monde
avant de m'être assuré
que je n'ai plus rien à lui donner
pour le rendre meilleur.

❦

$\mathcal{N}$e meurt jamais démuni qui a passé sa vie
à combler le cœur d'autrui.

❦

$\mathcal{J}$e veux voir ma mort
comme une nouvelle naissance,
et ma postérité comme une nouvelle présence.

TABLE DES MATIÈRES

Du même auteur

Éditions Trans-Canadienne enr./Éditions Publi-Loisirs inc.

Réflexions sur la vie quotidienne, tome 1 (1982/1992)
Réflexions sur la vie quotidienne, tome 2 (1982/1992)
Réflexions sur la vie quotidienne, tome 3 (1983/1992)
Réflexions sur la vie quotidienne, tome 5 (1983/1993)
Réflexions sur la vie quotidienne, tome 18 (1986)

Éditions Promotions-Mondiales inc.

Un pas vers l'humanité (1984)
En se parlant d'amour (1985)

Éditions Paulines

C'est pas parce qu'on est petits... (1991) En collaboration avec
Claude Lacaille et Michel Buissière

Chez Médiaspaul

Grandir dans l'espérance (1997)
Oser la solidarité (2000)

L'auteur a également signé plusieurs articles dans la revue *Je Crois*,
de 1986 à 1994, et il a publié occasionnellement dans les magazines
Vie Ouvrière, *Présence* (*Communauté Chrétienne*) et *Appoint*.

Collection

VIVRE PLUS